新潮文庫

おもたせ暦《ごよみ》

平松洋子著

新潮社版

8968

おもたせ暦●目次

おもたせ暦《ごよみ》

おとなの入りぐちは、突然あらわれる。その冬の昼下りもそうだった。

母に用事を頼まれて、近所の洋裁屋に洋服を受け取りに行った。すこし無理を言って早めに仕上げてもらったから、と母は私にショートケーキの箱を持たせ、おばさんに渡すようことづけたのだった。

洋裁屋の玄関を開けると、ガラス戸の向うにおじさんとおばさんの姿が見えた。白いワイシャツに毛糸のチョッキのおじさんはアイロン台、エプロン掛けのおばさんはミシンに向かって真剣な顔つきだ。声をかけるのがためらわれて玄関先に突っ立っていると、ふいにおばさんが鼻眼鏡でこちらに視線を上げ、すたすた歩いてきた。

「ああ、そうだったわね。ワンピース渡すの、今日の約束だった。急いで仕上げるからちょっとだけ待っててもらえるかしらね」

あのう、これ。母がお渡しするようにって。おばさんがくるりと身を翻《ひるがえ》しそうになったので、あわてておおきな声でそう言って右手にぶら下げたケーキの箱を差し出したら、いったん奥に引っこんでまた戻ってきた。おばさんが手に持ったお盆のうえに、ファンタオレンジの瓶と栓抜きとコップといちごのショートケーキがひとつ、のっかっていた。

「おもたせでわるいけれどね」

そのあとに「おやつ食べながら待っててちょうだい」と続いたからいいものの、「おもたせでわるいけれど」と言われても、十五歳にはさっぱり意味がわからなかった。おとなの言葉の匂《にお》いがした。「おもたせ」ってなんだろう。

いただいたものを、その場で開ける。いただいた側が、その場でふるまう――「おもたせ」はどうやらそういうことだと知ったのは、いろんなおとなの入りぐちに立つにつれてのことだ。「お遣いもの」とおなじように「贈答品」を指すこともあるけれど、ほんらいはべつの意味だ。おもたせは、いただいた側の言葉である。

ようするに手土産とはちょっとちがう。手土産は、渡したらそこで途切れる。いつ、どんなふうに開けてくださったか、こちらにはわからない。手に渡ったあと、楽しんでもらえたかしら、気に入っていただけたかしら。手土産を渡したほうは、そんな気持ちを味わいながらしらずしらずのうち、ふくよかな余韻もいっしょに味わっている。

ところが、おもたせはもっとざっくばらんだ。いただいた側の「わあうれしい」と渡した側の「よろこんでほしいな」がいちどきに重なり合い、包みを開かせる。「おいしそう！」。ふたつの「立場」はすっ飛んで、もはや目線はおなじところにある。

さて、おもたせも手土産も「消えもの」、つまり食べるものがいい。ものに託してそのときどきの気持ちを届けるわけだが、尾を引くのは、ちょっと。いつまでもぐずぐず残ってしまうのも野暮ったい。ほんのひととき楽しんでいただいたら、あとかたもなく失《う》せる――こざっぱり、すっきりしたものではないか。

そもそも「消えもの」という呼びかたは、芝居やドラマなどで準備したものをじっさいに食べてしまうので、消えてなくなるから。いわば符牒《ふちょう》、もともと限られた世界での特殊な言葉である。けれども、言い得て妙。消えるからこそ、お互いのあいだによい記憶だけが刻まれる。

「あのね、ビスケットとかクッキーとか焼き菓子とか煎餅《せんべい》とか、つまり日持ちするものって念入りに選ばなきゃならないわよ」

茶飲み話に、そう言うひとがあった。

「だってほら日持ちのするものって、何日かかけて味わうものでしょう。そのぶん、じわじわ正体が見えちゃう。悪いなと思いながら、缶のなかのクッキーがすこしずつ疎《うと》ましくなって遠ざけたくなる感じ、あれはつらいものだわ。こちらの勝手な好みで申しわけないと思いながら、ちょっとうらめしい。だから、いい加減な缶入りクッキー、これは存外こわいのよ」

ぺろりと洋服の裏側を返すようにして「消えもの」の本質が露わにされてしまい、どぎまぎして二の句が継げなかった。

あっさり消えるとはいうものの、その塩梅《あんばい》がまことにムズカシイ。消えかたにもいろいろあるようで。中身によらず、見た目がかさばればおおげさに映る。一目瞭然《りょうぜん》、いかにもてきとうな間に合わせを差し出されれば、なんとなく軽んじられた気分に襲われる。ほんのすこしのほうが、かえって負担にならず気楽でいられるときがある……そのときどき、お互いの気持ちのバランスがやじろべえのように動き、働く。

それにしても、と思う。かたちのない気持ちをかたちあるものに託して伝えようとする、ひとの心持ちのなんとやわらかいことか。会えば顔が見えるし、いくらでも言葉を交わすことができるのに、なにか手に携えたい。あれにしようか、これがよいかしら。相手の顔や暮らしぶりを思い浮かべながら懸命に好みをはかる。自分の思いのありかをかたちあるものに託してみたい気持ちが、どこかに滲《にじ》んでいる。

お見舞い。お中元。お歳暮。お祝い。転居や転職の挨拶《あいさつ》。遠来の訪問。とくべつな場合だけではない。週末に集まりがある、忙しい仕事相手に差し入れをする、近所まで来たからちょっと寄ってみた、労をかけたからねぎらいたい、意に反してわずらわしい思いをさせて申しわけなかった……暮らしにはひととひとの往来があり、気持ちの揺らぎがあり、その振幅を抱きとめてもらう先をかたちあるものに求める、どこかせつじつに。

とはいうものの、なにも手土産の達人、おもたせ名人を目指さなくてもいいのではないか。手帖《てちょう》にぎっしり、うまいもの名鑑のなかからぴしりと手練手管の技を披露しなくとも、「あのひとといえばあれ」。顔といっしょにいつもの包みやおなじみの味が重なる、そのくらいがちょうどいいのではないかしら。

ただし、入り用はふいにやってくる。そのときにあたふたする気分、これがやっかいだ。皮肉なもので、目の前に雑事がおっかぶさっているくせに、どうしても手土産を携えていきたい。ほんとうはゆっくり探す手間のひとつもたのしみたいと思うのに、都合よく運ばない。春夏秋冬、いくつかの引き出しを自分なりにこしらえておき、入り用のときあわてず騒がず、「さてそれでは」。おもむろに手を引き出しにかけられるくらいにはしておきたいのだが、おとなの細道は、ときどき険しいことがある。おもたせとおなじ、好きな言葉がある。それが、おすそわけ。

いただいたものを、どなたかにいくばくか分けて差し上げる。こんなおいしいものをいただきました。ひとり占めするのはもったいなくて、ぜひいっしょに味わっていただきたいと思って。「いっしょにたのしんでくださいな」というところが、おもたせもおすそわけも、おなじ目線である。

去年のことだ。いよいよ暮れも押し迫った時分、堂々と巻きの太い千壽葱《せんじゆねぎ》をどっさりいただいた。八百屋の軒先で売りさばけそうなくらい、抱えればよろけそうな大束である。それ、おすそわけだ！　私は五、六本ずつ新聞紙でくるくる巻いて自転車のかごに積み上げ、近所を奔走した。花屋さん、肉屋さん、行きつけの喫茶店、ともだちのうち。行く先々で「おお！」「うわあ」。花束さながら、ねぎの束に相好を崩してよろこぶ顔を見せてもらって、これぞおすそわけの果報である。

差し上げたほうも、いただいたほうも、いっしょにしあわせな気持ちに浸れたら。せつじつな思いも味わいのなかにほのかに溶けこんで、ほどいた紐《ひも》やたたんだ包み紙がほんのりぬくい。

「いま熱いお茶を淹《い》れますね。おもたせですけれど、いっしょにいかが」

そう言って台所に引っこみ、ついさっき手に渡ったばかりの包みをほどく。ああうれしい、大好物のどら焼きだ。香りのよいそば茶とどら焼きをお盆にのせて居間に運ぶ。すると、そのひとは思わず腰を浮かせ、さっき自分が携えてきたどら焼きにくぎづけになって、目を輝かせ、言った。

「うわあ、おいしそう!」

きらきら光る瞳《ひとみ》のそのひとを、とてもうつくしいと思った。

三月五日

創業元禄十五年
江戸名物
けぬきすし総本店

三月十七日

三月二十二日・二十三日

四月三日

四月八日

四月十一日

四月十三日

四月三十日

羊羹粽
水仙粽

五月九日

五月十八日

五月二十日

PASTRY SHOP
ROZA
CAKES AND COOKIES
CHOCOLATES
NO.2 2CHOME KOJIMACHI
CHIYODA-KU TOKYO
TEL (3261) 2971

五月二十五日

五月二十八日

六月七日

六月十一日

六月十六日

六月二十一日

六月二十六日

六月二十九日

六月三十日

七月一日

七月六日

七月十二日

七月十四日

化学肥料不使用

七月十九日

七月二十七日

風流煎餅ノ内
りゃうばん
両判
京菓子司
末富

七月三十一日

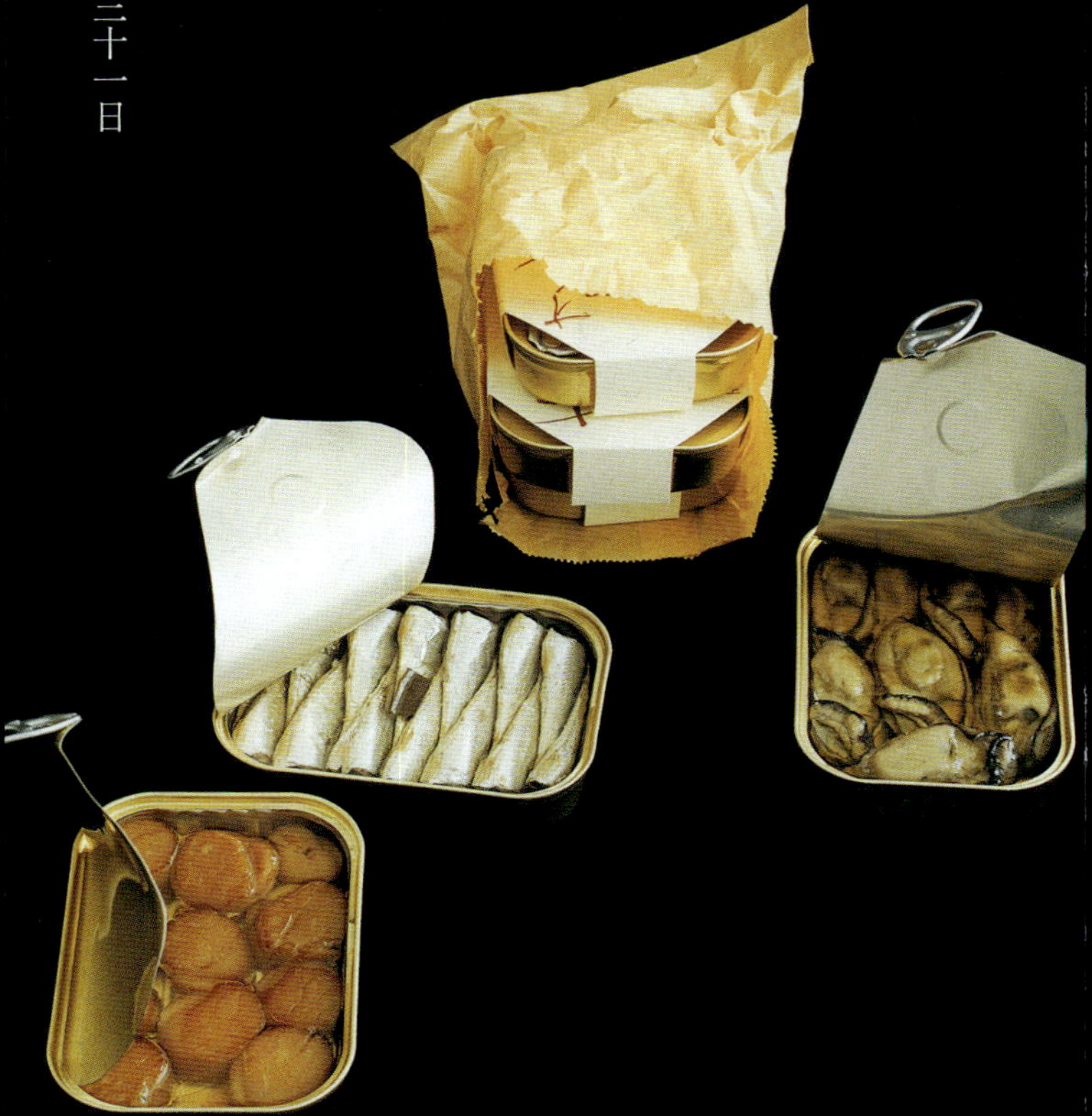

八月三日

八月五日

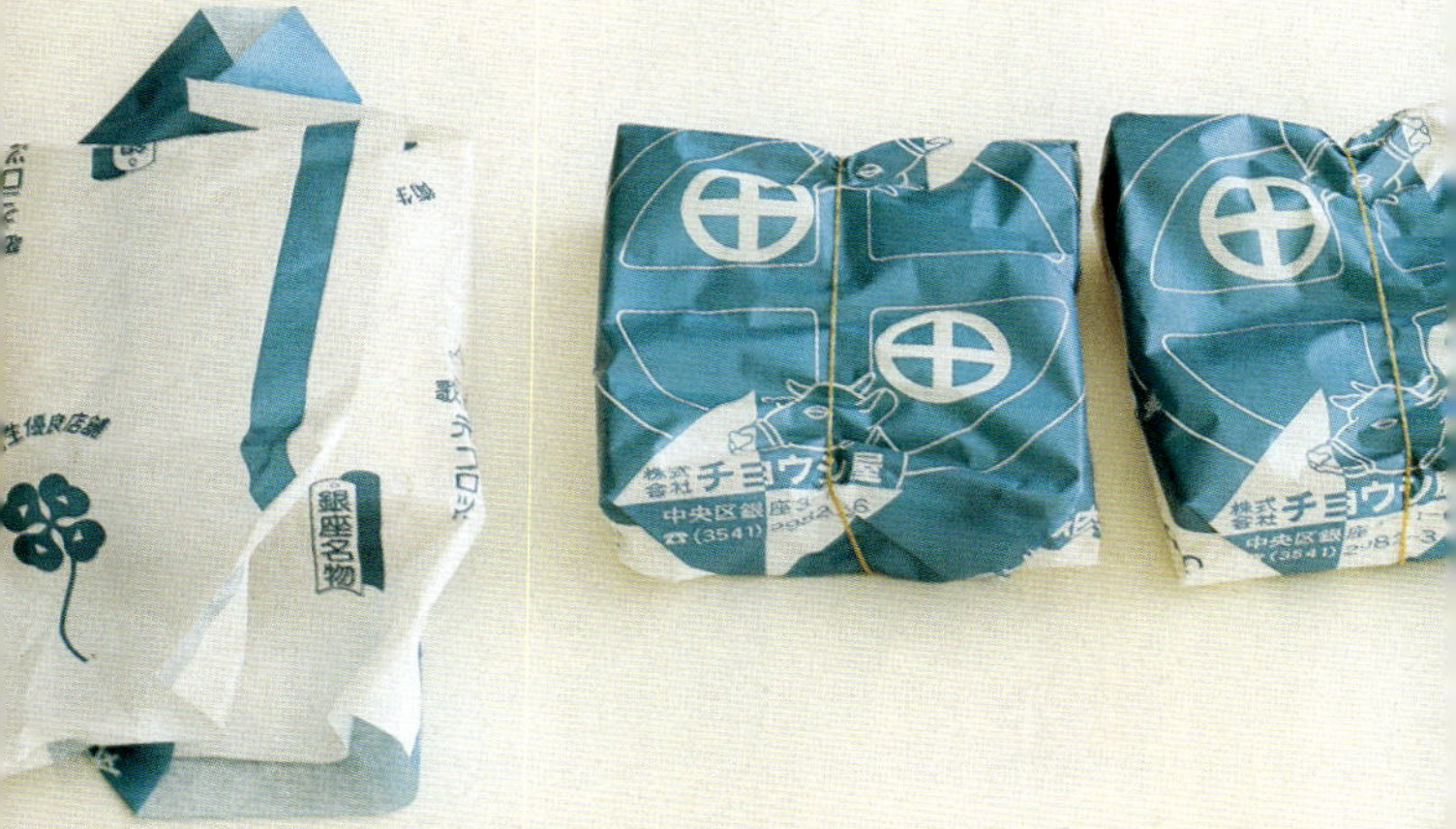

九月十日

九月二十三日

十月二日

十月六日

十月七日

十月十五日

十月二十四日

十月三十一日

十一月四日

KINOKUNIYA
KAMAKURA / AOBADAI / CHITOSE-FUNABASHI / SHIBUYA
DUCHY ORIGINALS
ORGANIC
LEMON BISCUITS

十一月九日

十一月十八日

京・麻布十
03(3583)2485

十一月二十日

十二月一日

十二月十二日

十二月十五日

十二月二十六日

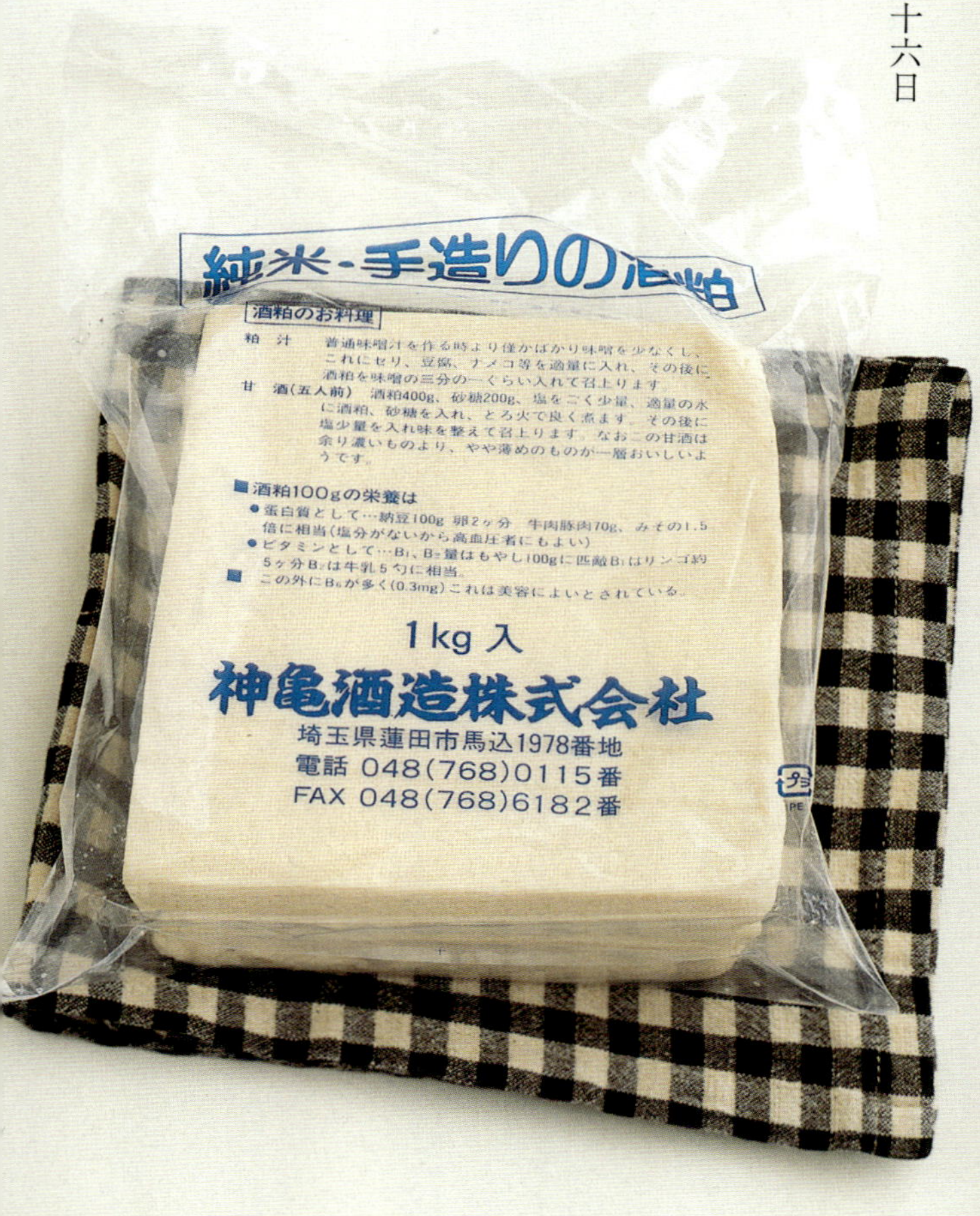
純米・手造りの酒粕
酒粕のお料理
粕　汁　普通味噌汁を作る時より僅かばかり味噌を少なくし、これにセリ、豆腐、ナメコ等を適量に入れ、その後に酒粕を味噌の三分の一ぐらい入れて召上ります
甘　酒(五人前)　酒粕400g、砂糖200g、塩をごく少量、適量の水に酒粕、砂糖を入れ、とろ火で良く煮ます。その後に塩少量を入れ味を整えて召上ります。なおこの甘酒は余り濃いものより、やや薄めのものが一層おいしいようです。
■酒粕100gの栄養は
●蛋白質として…納豆100g 卵2ヶ分 牛肉豚肉70g、みその1.5倍に相当(塩分がないから高血圧者にもよい)
●ビタミンとして…B_1、B_2量はもやし100gに匹敵B_1はリンゴ約5ヶ分B_2は牛乳5勺に相当。
■ この外にB_6が多く(0.3mg)これは美容によいとされている。
1kg入
神亀酒造株式会社
埼玉県蓮田市馬込1978番地
電話 048(768)0115番
FAX 048(768)6182番

十二月二十八日

肉桂餅
にっき餅
堺名産

一月十七日

一月二十五日

二月十日

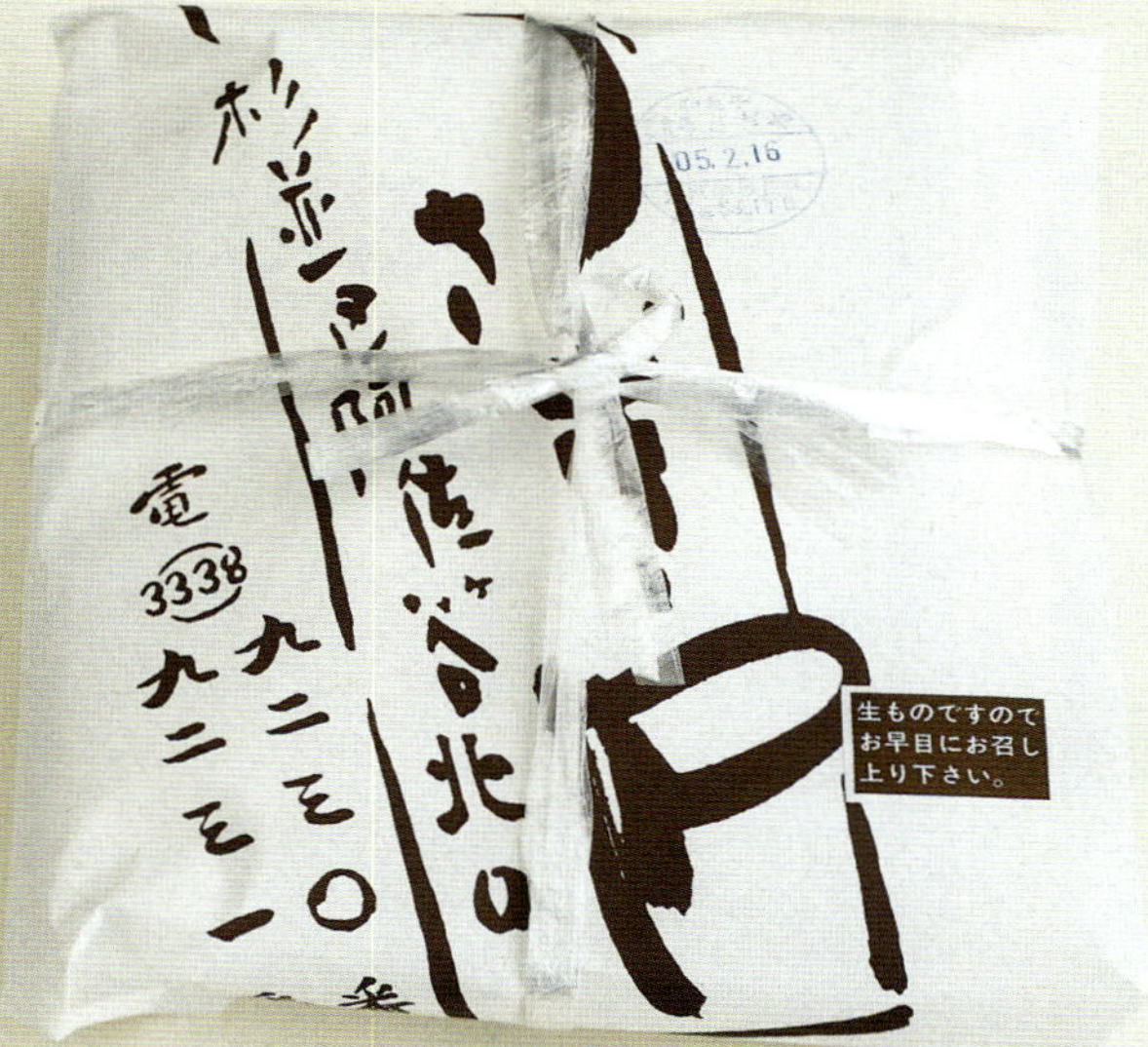

毎度ありがとうご
ます
お買い上げいただき
した品の
消費期限は 包装紙記入
日付より
三日となります
尚 季節の朝生菓子・あ
みつ等は
当日限りとなります

三月五日
おすしでお祝い

笹巻《ささまき》けぬきすし総本店「笹巻けぬきすし」

山笑う。

ふくらんできた辛夷《こぶし》の蕾《つぼみ》を近所の庭木に見つけたら、春の言葉がぽっかり浮かんだ。待ちかねた季節がついに巡り来て山が笑い、海も微笑《ほほえ》む。こわばっていた空気が日いちにち、緩んでいる。

銀座のはじっこ、一丁目の古いビルのなかの画廊を訪ねる予定がある。毎年きまって三月はじめの個展のために一年、伊豆のアトリエでもくもくと作陶を続けてきた陶芸家の個展の初日なのだ。四十六歳ひとり暮らし、東京の下町育ちの陶芸家サエグサさんはおすしに目がない。「あたし、久しぶりに東京に来ると毎日でもおすしが食べたくてたまらなくなる」と言う。じっさい、上京なさるとお昼か夜のどちらかかならずおすしを召し上がっていらっしゃるようですよ。画廊のあるじがこっそり教えてくれたことがあった。かわいいなサエグサさん。

銀座の柳もそろそろ芽吹くころ。サエグサさんが目尻《めじり》をきゅっと下げて笑う表情を目に浮かべたら、「今日、お祝いがてら差し入れに携えていこう」。ふいに思いついた味がある。

それが神田「笹巻けぬきすし総本店」のけぬきすしである。創業元禄十五年、家族だけで代々三百年守り続けてきた小川町の老舗《しにせ》の味は、そもそも戦陣にごはんを笹の葉で包んで運んだ兵糧《ひょうろう》がもとになっている。つまり、江戸前のにぎりずしよりずっと以前からの味ということになる。くるり笹の葉で細くひと巻き。たねは七種類。鯛《たい》、おぼろ、光りもの、白身魚、えび、卵、海苔《のり》。

私がこのおすしを初めて味わったのは、もう十年以上前のことだ。仕事の相手がうちを訪れたとき、「これ、ごぞんじですよね、おいしいですよね」と包みを携えてくださったのである。じつは、その不思議な名前の由来だけ知っていた。

「けぬき」は毛抜き。昔、旗本が店に買いにやってきたとき、毛抜きで魚の小骨を一本一本抜いているのを目にしておもしろがり、それがいつのまにかすしの通り名になったそうな。知ってしまえば「なあんだそうか」となるが、さすが江戸の町の評判をさらったすしのこと、紙包みのまんなかに「江戸名物」の文字、その下に並ぶ「けぬきすし」の店名はいわくありげで堂々たる迫力がある。

そんな話をしながら熱いお茶を淹《い》れ、みんなでつまんだおすしのおいしかったこと。

すしめしはしっかり酢と塩がきいた濃い味つけ。白身魚の白魚は酢やみりんで煮てある。こはだは酢〆《じめ》。おぼろは鯛とえびのすり身。えびは甘酢づけ。卵の味つけはきりっとお醬油《しょうゆ》だけ。指先で笹の葉ごとつまみ上げると、鼻先でふわり笹の香が芳《かんば》しい。その笹の葉は、上のはじと下のはじを鋏《はさみ》でちょきんと切り揃え、きれいにかたちを整えてある。

このとき以来、神田まで足を運ぶと、小川町へ回ってけぬきすしを買って帰るようになった。がらり、引き戸を開けると、ちいさな店の奥から店のひとのすがたが現われ「いらっしゃいませ」。すしの数を伝えて包みをこしらえてもらうあいだ、しんと静かな店内で待っていると、靖国《やすくに》通りの喧噪《けんそう》がふいに遠ざかって消える。はるか三百年前、江戸のお侍もこの場所でけぬきすしをこしらえてもらうのを待ったのだと思えば、ちょんまげに刀差しすがたが浮かんでちょっと可笑《おか》しい。

食べるたび、いつも思う。たいそう手のかかったおいしさなのだ。そのうえ妥協がない。白身魚は、春は白魚、秋はかんぱち。光りものは春はさわら、冬はこはだ。のりまきはかんぴょうが入っているときもあり、しっかりと煮ふくめた味わいはかんぴょう好きにはたまらないおいしさだ。そのうち少しずつ知った。魚は三枚に卸したものを塩漬けにして一日置いてから汁を捨て、一番酢で〆たのち二番酢で数日漬けてから切る。ひとつまみのすしが口に入るまでにみっちり一週間ちかく費やされているのだ。

時間が経《た》ってもおいしい味。いやむしろ、つくりたてより数時間か半日過ぎたあたりから、おいしさは増してくる。ぜんたいが熟《な》れてくるのだ。すしめし、たね、笹の葉。ぜんぶがひとつの風味に混じり重なってゆく。

だからこそ、おもたせには絶好なのだ。好きなときにいつでも、いくつでもどうぞ。おのずと鷹揚《おうよう》さがそなわっているから、こちらもらくちんである。

今日、銀座には夕方着けばよい。一時間早めに出かければ小川町に寄る時間はじゅうぶんある。それにしても、と思案する。いくつ入りの折をこしらえてもらえばよいかしら。けぬきすしなら、明日の朝かお昼あたりにも召し上がっていただける。いやそれとも、サエグサさんの新作のうつわに盛りこんでもらって、おやつがわりにみんなでつまむのも楽しいな。

木の芽どき、ふと気がつけば知らないうちにいそいそ弾んでいる。

三月十七日

手ぶらじゃ、ちょっと

桃林堂《とうりんどう》青山店「小鯛焼」

ちょうど地下鉄の駅を出たところで携帯電話が鳴った。おやめずらしい。サキちゃんである。

サキちゃんはラジオ局のディレクターで二回り近く年下の二十代のともだちだ。はじめは仕事がきっかけで知り会ったのだが、なんとはなしウマが合い、年に二、三度いっしょにごはんを食べる仲である。仕事のこと、最近行った旅のこと、おいしかった店のこと、いったん話しはじめるとお互い時間が経《た》つのを忘れる。ふと時計を見て「わっ、もうこんな時間！」。いつもあわててしまう。

「こんにちは。お久しぶりです」

「こないだ会ったのは去年の秋だったっけ。たしか四谷で松茸《まつたけ》の土瓶蒸し、食べた」

「そうでした。焼き松茸もすごくおいしかった。あの和食のお店、気に入って、一度うちのエダガワくんも連れていきました」

それはよかった。「うちのエダガワくん」は、今年のはじめにサキちゃんと籍を入れたばかりのおない年の夫である。染織家の卵なのだが、まだ見習いの身分で収入がほとんどないからサキちゃんのご両親がずいぶん心配して、すったもんだのあげくサキちゃんは問答無用とばかり駆落ち同然で彼の部屋に引越しをすませ、強硬手段に出た。それが松茸の土瓶蒸しをいっしょに食べた昨年の秋のころの話だ。

「やるわねえ。駆落ちかあ」。そう言ったら「え。駆落ちって、それなんですか」。サキちゃんはけろりとして土瓶蒸しのおつゆを啜《すす》ったのだった。けっきょくは実力行使が功を奏したとみえて、双方の両親の顔合せも無事終え、晴れて入籍をすませたというはがきが届いた。

「うまくやってるの」

「ええ、どうにかこうにか。じつは電話したのは、急いで聞きたいことがあって。今かまいませんか」

構内のエスカレーターを上がりきったところにスペースがあるから、そこへ移動すればしばらく話せる。なあに、やぶからぼうに。

「じつはこの春、エダガワくんのお姉さんの子どもが小学校に上がるんですよ。で、あさっての日曜日、お義母《かあ》さんちでお祝いのごはんをみんなで食べようということになって」

話の行き先がちょっと見えた。サキちゃんにとって、初めての親族との顔合せなのだ。こりゃたいへんだ。

「ごはんは、お鮨《すし》を頼むからなにも用意しなくていいらしくて。でも、手ぶらはまずいし。かといってお義姉《ねえ》さんには一度も会ったことないから、好みがぜんぜんわからないし」

頼りのエダガワくんは「オレわかんないよ」と逃げを打つ格好なのだという。まあ、そんなもんよ。あてにしていると、初動がむやみに遅れる。

「で、そこで浮かんだのが先輩、ジンセイの先輩のお顔なわけですよ」

「いやあな予感」

「図星です。そんな声出さないでちゃきちゃきっとアドバイスしてくださいよ。だってあさってなんですよ、その祝賀イベント」

二日後に迫るまで対策をうっちゃっておいたのは、遠ざけておきたかったから。なにしろ頭に浮かべるだけで憂鬱《ゆううつ》だったのだ、わかるなあその気分。

「ええと、十五分ほど待ってくれる。ちゃんとかんがえてから電話かけ直すから」

次の約束まで時間があったから、構内の喫茶店に入って「本日のサービスコーヒー」を飲みながらつらつらと思いをめぐらせる。

新入学の男の子。初対面のお義姉さん。ご両親もいっしょ。内々のお祝い。写真でしか知らないエダガワくんの顔をなんとか思い出して連想ゲームをしいしい、つぶやく。「ええと、もしも自分がサキちゃんの立場だったら——」

コーヒー一杯、十五分の思案。電話が鳴るのをサキちゃんが待っている。

「お待たせしました。私なりにかんがえてみました」

「すみません、忙しいのに」

「でも、最善の策かどうかは責任持たないわよ。あくまで私ならこうするかなーっていう話」

サキちゃんに伝えたのは、あらかたこうである。

小学校に上がるときはけっこう物入りなのだ。机やら制服やら文房具やら、それに育ち盛りは洋服だって買替えもばかにならず、費用もかさむ。事前に必要なものを聞けないのだから、ここは割り切って祝儀《しゅうぎ》袋に現金を包む。ただし、祝儀袋だけでは冷え冷えする。だいいち家族のあいだのことだもの、思いやりのひとつはこめたいのが人情だ。お義姉さんだって、初対面で祝儀袋ひとつ渡されても違和感があるのはとうぜん。だから、たとえば、おめでたい感じのお菓子を添えてはどうかしら。つまり、単菓子折を台にして、そこにのせてお祝いを渡す。こうすると雰囲気がやわらいで、単刀直入な様子にならずにすむから。

電話口でそこまで話すと、サキちゃんは勢いこんで聞いてきた。

「額はいくらがいいの。お菓子はどこの?」

それは自分で頭をひねったほうが、と言いかけて了解した。その具体的なところも含めて知りたいわけなのだ、サキちゃんは。

ええと、多すぎればなんだか生意気な感じだし、少なすぎてこちらが引け目を覚えてしまうのもいやだし。むずかしいところだけれど、節目のお祝いだもの、二万円くらいかなあ。額はエダガワくんと相談して決めたほうがいいわよ。

お菓子は、私がいつもお祝いのとき使っている店を教えてあげた。いかにもおめでたいし、ほかでは買えないし、二日はじゅうぶん持つお菓子だから前もって準備できるところも便利だ。

「ああもうほんとに命拾いした。あとはせっせとお手伝いして、お義父《とう》さんやお義兄《にい》さんにお酒買っていけばモンダイなしですよね」

なあんだ、わかってるじゃないのサキちゃん。

三月二十二日
夜中に準備
「シュリカンド」

買い物に出かけた先で最後に手を伸ばしたのはヨーグルト一パックだ。四五〇グラムはちいさいわりにずっしり重いからいちばん最後、それも家にいちばん近い店で買わなければ。ただし、なんでもいいというわけにはいかない。かならず昔ながらの青と白の紙パックの明治ブルガリアヨーグルト。

明日の日曜、エツコさんのうちで集まりがある。旅好きのエツコさんは長旅から戻るといつも、「お茶飲みにこない」と声をかけてくれる。旅先で買いこんだ調味料や食材をつかってみたい。気に入りの布とかキッチン道具も見せてあげたい。プリントアウトしたデジカメ写真も披露したい。どっさりお土産話を抱えて待ち受けてくれるのが私もうれしくて、旅から戻ってしばらくすると、「もうそろそろじゃないかしら」。電話がかかってくるのを待ちわびていたりする。

「今度の日曜、ひま? ちょっとお茶飲みにこない」

いつものように電話があったのはこのあいだの火曜日だ。

「昼間ならだいじょうぶ。時間あるわよ。たしかタイに行くって言ってなかった？」

「そうなのよ、戻ってきたばかり。あっちはちょうど乾期だから、空気がからっとしていて過ごしやすかった」

そして、決めぜりふ。

「すっごくおいしい北タイ料理のレストランで自家製の辛いたれを分けてもらったの。お昼ごはんに麵《めん》でもつくるから、おいでよ」

行く、行く！　一も二もなく返事をして、待ちかねた日曜日は明日だ。手土産は、エツコさんが好きないつものインドのヨーグルトのデザート「シュリカンド」。半年前だったか遊びに行ったとき持っていったら、「このクリームどうやってつくるの？とんでもなくおいしいわね」。大喜びしてくれたのだ。材料はヨーグルトとドライフルーツだけだが、つくるにはひと晩ぶんの時間がいる。とはいっても、ヨーグルトを晒《さら》しに入れて吊《つ》るしておくだけのこと。

お風呂《ふろ》から上がって夜寝る前にひと仕事。ボウルに晒しを広げ、そこにヨーグルトをのせて手でひだを寄せながら晒しを閉じ、口をたこ糸できゅっと縛る。たこ糸のはじを台所の洗いかごのはじにくくりつけ、ぷらんと垂らして吊るしておく。

ぽた、ぽた、ぽた。十分も経《た》つと、乳清の雫《しずく》が落下する音が台所にちいさく響きはじめる。素朴な製法のブルガリアヨーグルトでなければ、こんなふうに乳清がきれいに分離してくれない。その様子を確認してしばらく眺め、「よし」と夜中の時間にゆだねて台所の電気を消す。

あとは明日の朝がきたら。

三月二十三日
これなあに

「シュリカンド」


早春の朝、庭先でホーホケキョ。「あ。うぐいす」。あわてて窓に駆け寄ると、オリーブの枝が揺れてちいさな影が動いて消えた。

すぐさま向かうのは台所である。何度つくっても、やっぱり翌朝はどきどきする。ちゃんとできているかしらシュリカンド。昨夜はぱんぱんにふくらんでいた晒《さら》しが、今朝はしょぼんと縮こまっている。よし首尾は上々。乳清がちゃんと抜けて、ヨーグルトの脂肪分だけが晒しのなかに残っている。たこ糸を解いてはずし、ぽってり水分の抜けた中身に砂糖を混ぜこみ、いったんなめらかにならしてからホーローの保存容器のなかに入れて、ふたをぱちん。冷蔵庫へおさめれば、ひと仕事完了である。

朝ごはんをすませて皿洗いを終え、台所を片づけてから残りはんぶんの準備に取りかかる。マンゴー。ブルーベリー。ラズベリー。ドライフルーツを三種類、カットボードの上に出して包丁でざくざく刻む。粗くていい。ぜんぶ取り合わせておなじ分量ずつ刻んだら、ガラスの容器にしまっておく。

ヨーグルト。刻んだドライフルーツ。はちみつ。この三つを保冷バッグに詰めて電車で隣の駅で降りてエツコさんちへ行くのだ。デザートのころあいになったらヨーグルトをうつわに盛り、そこにドライフルーツとはちみつをたっぷりかけてあげる。

初めて食べたひとはきっとこう聞く。

「このクリーム、なあに。どうやってつくるの?」

濃厚で、でも不思議にさっぱりとさわやかで、口溶けがまろやか。けれども、ただ吊るすだけ。つくりかたを披露すると、みんないちように驚いて、そしてうちに帰ってすぐつくる。そのうちあちこちからこんな声が聞こえてくる。

「あれからずっと、うちの定番のおやつになっちゃった」

四月三日
春だから

塩野「花衣《はなごろも》」

今日か明日か、焦《こ》がれて迎えた満開の桜、春うらら。どこを歩いても桜に出合う。近所のちいさな公園。小学校の校庭。道路のわき。桜の木がこんなあちこちにたくさん植わっているとは。

毎年満開の桜の時期を迎えるたび、いつもおなじことを思う。なにもとくべつな桜でなくていい。日いちにち首をながくして蕾《つぼみ》がふくらんでゆくのを待ち、ぷっくり育つのを息を飲んで見守る。いよいよ花びらがめくれそうになれば、ああ今年もやっぱり美しいと愛《め》でよろこぶ——そんな感情の高まりを愉《たの》しむ花だからこそ、こんなあちこちに植わっているのだ。

春は気もそぞろ。しきりに思い描くのは赤坂「塩野」の銘菓「花衣」である。「花衣」と初めて対面したのはもう十年近く前、知人のうちを訪ねたときのことだった。

「今日あなたがいらっしゃるから、ぜひ召し上がっていただきたいと思って」

「あら、なんでしょう」

首をのばして、差し出された溜塗《ためぬ》りの菓子器のなかをのぞきこんだ。「ああ」。思わず見入った。

たったいま蕾がほどけた風情《ふぜい》の桜色の花びらがふっくら。春の微風にそよいでいるような、空気のなかに透けていきそうな、指先で触れるとたちまち散っていきそうな。ふわあと可憐《かれん》なのに、抑えてもおのずとこぼれ落ちるようなあでやかさ。ただならぬ気配さえ漂っている。

「赤坂の『塩野』のお菓子です。桜の季節だけのお菓子なので、毎春待ち遠しくて」

さすが「花衣」。菓子銘を確かめなくてもすぐわかった。

「『塩野』の『花衣』はすばらしい。東京の春の上生菓子といえば、まず『花衣』」。何度となくそんな話を耳にしておおいにこころ動かされていたけれど、うっかり季節が過ぎてしまったり、赤坂に足を運ぶ時間がなかったり、いつかきっとと思いながら何度も春をまたいでいたのだった。

だからこそ今日、「花衣」を目の前にするありがたさが沁《し》みた。ここからなら電車と地下鉄を乗り継がなくてはならないのに。わざわざ都心の赤坂まで。「ぜひ召し上がっていただきたいと思って」。そのやわらかな口調の向うに遠路足を運んでくださったすがたが浮かんで、申しわけないやらありがたいやら。

「じつは私、かねがねいただいてみたかったんです、このお菓子」

うれしさに声を弾ませて伝えたら、抹茶を茶杓《ちゃしゃく》ですくって茶碗《ちゃわん》に入れかけた瞬間、

「わっ」

勢いよく顔がこっちに向いてぱあっと輝いた。

「ほんとっ。うれしいっ」

かわいいひとだな。「花衣」の似合うひとだな。すこしどきどきした。

「花衣」は薄い桜色のういろうが花びらのように重なっている。なかには黄味餡《あん》。白餡に卵の黄身を混ぜこんだ餡で、ほのかにやわらかな甘さがなんとも上品だ。いやそれどころか、やわやわとしなやかなういろうが、こころもとないほど愛らしい。たいせつにゆっくり味わいながら口にしたというのに、あんまり儚《はかな》すぎて、「花衣」の姿はいつのまにか消えていた。あとに残るのは桜のちいさな花びらを散らして通り過ぎてゆく春風。

今年の春はせっかく赤坂へ足を運ぶのだ。多めに注文しておいたから、春の銘菓をひとり占めしてはもったいない。地下鉄を途中で降りて、ふらりとともだちのうちに寄ってひと折渡して、おいしいお茶でも淹《い》れてもらおう。

ところで、「塩野」にはこの時期、桜の干菓子《ひがし》も三種類ある。花びらが透明な「山桜」、幾重にも花びらが重なり合った「八重桜」、桜色の濃淡が美しい「吉野桜」。指でつまんでちいさな甘さをそっと舌にのせる。「塩野」の春のお菓子は、そこに圧倒的な存在感があるというのに、なぜか儚くて、いただいたあとにちょっとだけせつなくなる。

四月八日

海をおすそわけ

浜田海産物店「ちりめんじゃこ」

おい、いままででいちばん腰を抜かしたいただきものはな。焼酎《しょうちゅう》のグラス片手に、父がにたりと笑いながら教えてくれたことがある。

「いったいなんだと思う。すごいぞ。賞味期限終了直前の非常食セット」

なんでまた、わざわざ非常食セットを選ぶか。それも賞味期限ぎりぎり。そんな太っ腹なやつは誰だ。

「教え子だよ。大学で山岳部のリーダーやってるムトウって男が、『先生、登山用の備品に買ってみたんですけど賞味期限ぎりぎりになっちゃって、もったいないからご家族のみなさんでぜひどうぞ』」

「それ、私知らなかった」

「おまえが中学生のころだ。どうせみんないやがるに決まってるから、晩酌のときひとつずつ肴《さかな》にして食って、半分まで減ったところでさすがに処分した」

いわしの醤油《しょうゆ》煮。コンビーフ。梅干し。五目ごはん。乾パンをつまみに齧《かじ》ったかどうか聞きそびれたが、義理堅い父は迫りくる賞味期限の日付にあせって、日々着々と酒の肴に仕立てて消費に努めたそうである。えらい。

しかし、敵もさるもの。だって、もう三十数年も前の出来事だというのに、いまだに家族の話題に登場している。名を残している。ましてや父から娘へ、その娘から子へ。だって、私はきっと娘をつかまえて「ねえねえおもしろい話があるよ」と勢いこむにちがいない。三代にわたって連綿と語り継がれるその男ムトウは傑物だ。無欲の勝利である。

かんがえ過ぎてはだめなのだ。ちょいと思いついたので、ほんの少し差し上げたいのです。手土産もおすそわけも、そのくらい気の抜けた感じがちょうどいい。かんがえ過ぎて、ひねりにひねったものは微妙なこわばりが伝わってしまう。「よろこばなくちゃいけないのに、なんだか乗り切れない」のは、決してこっちの性格が悪いからではない。残念なことだけれど、ついそう思わせてしまうなにかが滲《にじ》み出てしまったからなのだ。

ただし、差し上げたあと、はっとすることがときおりある。

(気軽なものを差し上げて、かえって失礼じゃなかっただろうか)

(値段が安過ぎたのじゃないだろうか)

（もうちょっと気取ったほうがよかったかしら）
うろたえてみても、あとの祭り。でも、きっとそれは思い過ごしだったと信じることにする。だって、自分がとても好きなものなのだもの。値段も体裁も関係ないときがあっていいのじゃないか。お互い、相手の懐《ふところ》に一歩深く踏みこむタイミング、それがなくてはつまらない。

つい昨日のこと、四国からおじゃこのダンボールが到着した。待って待って、待ちかねた箱である。なかにはぎっしり、おじゃこ。それもとびきりの味の。「浜田海産物店」のおじゃこは、高知の「ギャラリー・エムツウ」の中西さんから教えていただいた。もう三年も前になるだろうか。初めて食べたときの驚きといったら。ぎゅうっと嚙《か》みしめると、潮の味といっしょに深いうまみが弾《はじ》けた。こんなにちいさなおじゃこなのに、なんと広く深いおいしさ。食べたことのない味わいだった。

そして、当の「浜田海産物店」の浜田さんがなんともいい味なのだ。注文したいと電話をかけたら、受話器の向うから耳に響く声は海の男のそれなのだった。
「送るのはかまいませんが、漁の様子によります。たくさん獲《と》れるのは三月下旬から四月いっぱいなのですが、それも自然相手のことなので約束はできないなあ。獲れしだいお送りします。ただ、天日できちんと乾燥してからですが。いいですか」

いくらでも待ちます。待たせていただきます。浜田さんの声には、そう言いたくなる説得力があった。

果たして送られてきた箱のなかには、おおきめ、ちいさめ、細やかに分別してあるところがまたすばらしい。袋のうえから触れただけですぐわかる。乾き過ぎておらず、あくまで一尾一尾しっとり、ふんわり。潮の塩梅《あんばい》まで舌のうえに伝わってきそうな手触りだ。

お浸し。オムレツ。じゃこの混ぜごはん。じゃこと青菜のスパゲッティ。じゃこ入り納豆。じゃこ入り炒飯《チャーハン》。毎日飽きることがない。噛めばひとつの素材として、じわっと濃い味わいを主張する。そんじょそこらのおいしさではありません。

そんなおじゃこが袋分けになって届けば、誰かれとなくおすそわけしてあげたくなるのは当然でしょう？

本日の大当り、ラッキーパーソンは行きつけのカフェのトコちゃんだ。

「これ、すっごくおいしいの。四国から届いたばかりなの。たくさん取り寄せたから、おすそわけ」

うわあうれしいっ。瞳《ひとみ》がきらきら輝くその様子がうれしくてありがたい。持ってきてよかった。四国の海の味だよ。今年の春の味だよ。

青い波と千鳥の袋を握って小躍りするトコちゃんといっしょに波打ち際《ぎわ》に肩を並べて、ざっぶーんと飛沫《しぶき》を浴びているこころもち。

四月十一日

地元の傑作

オオサワ「ガーナ」

地元贔屓《びいき》である。大学時代からもう三十年ずうっと杉並、それも吉祥寺《きちじようじ》や西荻窪《にしおぎくぼ》に縁があるのだもの、自然にそういうことになる。

大学に通うとき、朝はかならず西荻窪で下車して大学まで十五分の道をてくてく歩いた。そして帰りは週のうち半分はふたたび西荻まで歩いて戻り、半分は大学の前からバスに乗って吉祥寺まで出る。その習慣が四年間続いた。吉祥寺にとくべつの用があったわけではない。いや、むしろなにもなかった。だからこそ、というべきだろうか。

本屋。古道具屋。ジャズ喫茶。絵本専門店。紅茶専門店。ちいさなライブハウス。戦後そのままの市場通り。焼き鳥屋。井の頭公園。吉祥寺を「ジョージ」とは気恥ずかしくて呼べなかったが、しかし、そんな名前でとくべつ扱いしてみたくなるおおらかさ、気の許せる空気がこの街には確かにあった。だからこそ、せめて週の半分は吉祥寺に足が向いたのだろう。

「F&Fビル」もまた、そんな気らくな空気の流れる場所だった。なかに入っていたテナントはほとんど覚えていないけれど、一軒の佇《たたず》まいはくっきり目に焼きついている。それが「オオサワ」だ。

いまでもすぐ思い出せる。天井の低い、少しばかり暗い店内のまんなかに昔ながらのガラスのショーケース。並んでいるのはいちごのショートケーキ、モンブラン、シュークリーム、エクレア、ロールケーキ……胸がきゅんと詰まってしまうほど、それはなつかしい情景だ。舌をもつれ気味に口にするナントカパティスリーのナントカガトーもたいそうけっこうなのだが、あの「オオサワ」には、一歩入るなりほうっと肩のちからが抜けていくような郷愁が流れていた。

ただし、なつかしいだけでは終わらないところが、好きな気持ちをもっとかきたてる。どの洋菓子も、食べてみればすぐわかる。「うちはこの味」。きっぱりとした「オオサワ」の味があり、なにかこう、長年洋菓子をつくりつづけてきた誇りを感じるのだ。

「オオサワ」の傑作が「ガーナ」だ。

初めて見たひとはびっくり仰天する。

（おはぎ?-）

無理はない。まっ黒。つるんと卵のかたち。ひょっとしたらチョコレートのカタマリ。だとしたら、歯が折れる。いったいこれはなんだ。ありったけの想像力を叱咤《しった》激励しても、味の予想をつけるのは至難のわざだ。

初めて「ガーナ」を食べたときのことは忘れられない。大学のとき、杉並育ちの同級生が教えてくれた。「『オオサワ』は「ガーナ」だよ。むっちゃくちゃおいしいんだよ」。そう聞いた次の日、午後のゼミが終わるなり校門前から吉祥寺行きのバスに乗った。いつもは終点の吉祥寺駅まで乗るのだが、今日はそのひとつ手前のバス停「エフエフビル前」でブザーを押さなければ。目当てはほかでもない「オオサワ」の「ガーナ」である。

「ええと、『ガーナ』ってこれですか」

「はい、そうです」

「じゃあ、ええと二個ください」

いま一個二百三十円。あのころはたしか百八十円。袋のなかで「ガーナ」二つの重みが揺れる。「すっごくおいしい。大好物なの」と教えられたけれど、いったいこのまっ黒な卵のどこがどんなふうに。気になって気になってがまんできない。そして私は井の頭公園のベンチに腰をおろしてがさごそ袋を開け、その黒卵をつまみ上げておずおず齧《かじ》りついた。

「わあ!」

歯がぱりんとチョコレートのコーティングを割って破ると、なかに黄色のスポンジ。ラム酒やブランデーがたっぷりきいて、アーモンドパウダーの風味もきいて、しっとりふくよかな香りが口のなかにじゅわーっとあふれる。誰にも予想なんかつけられるわけがない、こんな意表を突く展開。しかし、驚くのはまだ早かった。つぎのひとくちで、さらに新たな展開がある。なんとびっくり、スポンジ生地のまんなかにおおつぶの栗《くり》が一個まるごと!

楽しい、楽しい。だって、まだ半分も食べていないのに、口のなかはお酒の香りでぷんぷんだ。チョコレート、お酒がたっぷりしみこんだスポンジ、ほこほこしっとりした栗。意表を突く組み合わせが黒卵のなかにみっしり隠れている。

ときどきむしょうに「ガーナ」が恋しくなる。それは、「ガーナ」には昭和の香りがするから。そこに反応してくれるひとに渡したい地元の味である。

四月十三日
大仏さんの掌《てのひら》
森奈良漬店「きざみ奈良漬」

「そうだ、あれ」

門を出たところで思いだした。

引き返して玄関の鍵《かぎ》を開け、直行したのは台所である。たしかこのあたりに入れておいたはず……あったあった。棚のなかから取りだした紙包みをにんまり眺め、そのままバッグに滑りこませる。

先月半ばから、ふとした拍子にかんがえていた。あの包みを出そう。あたたかいごはんを炊《た》いていっしょに食べよう。ふた包み買い置きがあるから、誰かに分けてあげたいな。今年の桜も咲きおおせ、いよいよ春らんまん。毎年三月のあの日をぶじにまたいで奈良の大仏さんがにっこり微笑《ほほえ》んだから、このうららかな季節はやってきた。

その日こそ奈良・東大寺で行なわれるお水取りである。

お水取り、つまり東大寺二月堂修二会《しゆにえ》は大仏開眼《かいげん》の七五二年以来、「不退の行法」として千二百五十年以上営々と続けられてきた。参籠《さんろう》した練行衆と呼ばれる十一人の修行僧が堂にこもり、二月下旬から三月半ばまでひたすら行に励む。そしていよいよ終盤、二月堂下の閼伽井屋《あかいや》にある井戸から水を汲《く》み上げ、仏に供えて、長く続いた行がようやく締めくくりを迎える。

お水取りは毎年冬の終り、春のはじまりを告げる知らせでもある。古都に伝来してきた行事に触れてみたくて、お水取りが行なわれるその前日、ともだち数人といっしょに奈良に足を運んだのは五年前のことだ。

その話を聞くなり、「私も行きたかったー」と叫んで歯ぎしりしたのがオダさんである。「いつか行きたい旅ベストスリー」のひとつが、お水取りの時期に合わせて行く奈良の旅なのだそうだ。

「今度ゆっくり、そのときの話を聞かせてくれませんか」

もちろんよ。そう答えてから半年以上も経《た》っていた。オダさんに会う機会がちっともないな。そう思っていたら今日、レストランで開かれるワインの会に参加するという。彼女はリカーショップの店長なのだ。ワインの会の後半に時間がある。機会があったら、こんな話をしてみたいとかねがね思っていた——派手に燃えさかる松明《たいまつ》のイメージが強いお水取りだけれど、じつは感銘を受けたのはまったくくちがうものだった、ということを。

修二会では、本行がはじまると連夜巨大な十本の松明に火がつけられ、二月堂が燃え盛る籠《かご》松明の炎でまっ赤に染まり闇《やみ》のなかに照らし出される。テレビのニュースやら旅のポスターやら目にするたび、ずいぶん派手なんだなあと、驚き半分で眺めたものだ。

じっさい、その様子は想像以上のものだった。いよいよお水取りを控えた夕暮れ、参籠宿所で火をつけられた籠松明を肩に担《かつ》いだ裸足《はだし》の僧が、練行衆十一人の前を一気に登廊の石段を駆け上がってゆく。気合いを一身にこめた勢い。激しく燃えさかる炎。夜の闇に飛び散る火。そして、上がった十一の籠松明が二月堂の回廊ぐるりを取り囲み、二月堂はまだ肌の震える寒空の三月、炎に照らされてくっきり浮かび上がる。その一部始終は、石段のすぐ間近で見上げていると、身をすくめてしまうほどの迫力なのだった。

けれども、お水取りの最大の山場は、べつのところにあった。籠松明が燃えつき、ふたたび二月堂が漆黒の闇につつまれる深夜。二月堂内陣ではひたすら本行に臨む練行衆の力強い声明《しょうみょう》が響き渡る。

堂のなかから、仏の名を唱える声が響く。かと思えば、十一面観音の名を呼び称える大合唱。

「南無《なむ》観自《かんじ》在菩《ざいぼ》薩《さつ》」

「南無観自在」

「南無観」

ひたすらに繰り返される響きのたくましさ。腹の底から湧《わ》き上がる読経《どきよう》は、これまで耳にしたこともないリズムを刻んでいた。

さらには、初めて耳にしたのは声だけでなかった。どっ、ずしん、ばたん。床に置かれた板にからだを投げて打ちつける荒行「五体投地」の音。だだだだだっ。人間界の四百年が一日という天上界に少しでも近づこうと本尊のまわりを全速力で駆け抜ける走りの音である。

漆黒の闇におおわれた二月堂に、人間のからだを使って祈る音が絶えず響き渡る。骨の芯《しん》まで凍りつく真夜中の冷えに震えながら二月堂の外陣に座り、いつまでも終わることのない祈りの音に耳を傾けていた。そしてお水取りは、すべての読経と音が終息した明け方近く、二月堂下の閼伽井屋で粛々と行なわれた。

「あっ『森奈良漬店』！」

その翌日のことだ。ふたたび参拝した朝の東大寺の参道で、私は長年ずっと好きで買い続けてきた奈良漬の店に出合った。

なんだかタイムスリップしたみたい。参道に面した間口の広い木造の店構えは見るからに昔のまま。鹿が闊歩《かっぽ》する参道の風景にすっかり溶けこんだ佇《たたず》まいをひと目見て、納得した。だからこそ、あのおいしさ。あの味。そして、ずっと東京のデパートで買い求めてきた袋の目印、遅まきながらその絵の意味に気づいた。

「東大寺の大仏さんの掌だったのだ」

間抜けな話だが、私は東大寺にやってきて初めてそのことを知った。

今日お水取りの話をするときオダさんにあげたいと、出がけに引き返してバッグにしのびこませたのは、その「森奈良漬店」のきざみ奈良漬である。

四月三十日
年に一度の

岬屋「水仙粽《すいせんちまき》」「羊羹粽《ようかん》」

カレンダーをめくったら、四月最後の日である。端午の節句がもうすぐだ。じつは、忘れてはならない約束があった。

あれは去年の秋だ。十年来飲みともだちのモリモトくんとテラダくんと三人で居酒屋で飲んでいたら、金太郎は実在人物かどうかという話になり、そこからこいのぼりの話に飛び、子どもの日に楽しみでたまらなかった柏餅《かしわもち》から粽の話になった。私はふと自慢したくなって得意げに言った。

「粽は粽でもさ、水仙粽知ってる？　羊羹粽知ってる？　笹《ささ》の葉にくるまれて、ひゅーっと細長いの」

おいしいものにうるさいふたりが揃《そろ》って首を振り、「そんなの知らん。食べたことも見たこともない」。うらめしそうに言う。

「あのね、水仙粽は葛《くず》でつくる。羊羹粽はこしあんを練りこんでつくる。どちらもつるんと口溶けがすばらしい」

私は蘊蓄《うんちく》のひとに化けた。

粽はそもそも古代の中国で生まれた。詩人屈原《くつげん》が国を憂《うれ》いて川に身を投げ、それを嘆いたひとびとが毎年命日に米で供物《くもつ》をこしらえ、川に投げ入れた。しかし、そのままでは龍《りゅう》が食べてしまうので、茅《ちがや》で巻いて供えるようになったのが端午の節句のはじまり。日本にもその風習が伝わり、粽が食べられるようになった。水仙粽も羊羹粽も、五百年以上伝わり続けてきた手わざがそのまま引き継がれてきたもの。京都の菓子匠「御粽司　川端道喜」では、室町期から御所におさめてきた伝統の製法が守られている。

「——とまあ、もったいなくも雅《みや》びなお菓子なのですよ、この粽はね」

モリモトくんもテラダくんも黙って、焼酎《しょうちゅう》のそば湯割りをごくり。さらにたたみかける。

「笹の葉をふんだんに使って巻いてあるの。一本一本そりゃあていねいにくるんであってね、五本いっしょにきりっと縛り上げた様子は、なんだか息を呑《の》む高貴な風情《ふぜい》。そしてまた、その笹の葉の香りがたまらないわけよ」

きりきり巻かれたいぐさの一端を解きはずし、回して引っ張ると、たちまちふわあっと巻き起こるいぐさの香り、笹の香り。一本を手に取ったところから、おいしさのつぼみがほころび始める。いぐさをはずし終え、こんどは笹の葉の番だ。笹の葉を指先でつまみ、ゆっくり花のように開いてゆく。すると、ふいに水滴がこぼれ落ち、水仙粽の清流のように透き通るまっ白い表面が顔をのぞかせる。羊羹粽ならば、こっくりと深い小豆色があらわれる。すべらかな粽に黒文字を入れ、ていねいに舌のうえにのせる。たちまち、葛がするりと喉《のど》の奥に滑りこみ、あとには甘美な芳《かんば》しさが広がるばかり。

「京都に住んでいたって、この粽、食べたことがないっていうひとが多いんだから。ね、すごいでしょう幻の味でしょう」

話はもういらない、とにかく一度でいいから食べさせろよと口を揃えて拗《す》ねているから、つい胸を叩《たた》いた。焼酎をごくり、きっぱり断言する。

「じゃあ、来年まで待って。季節のお菓子だから春にならないと手に入らないの。来年の端午の節句のとき持ってってあげるから」

「お、うれしいねえ。ぜえったい忘れないでくれよ、その約束」

今年を逃してはならじ。きっと一生文句を言われる。うかうかしてはいられない。早く予約をしておかなければ。電話先は水仙粽と羊羹粽をこしらえる東京・富ヶ谷の菓子舗「岬屋」である。

「あのう、今年の粽は……」

「はい、四月半ばからお節句が終わるころまでおつくりしています」

「あさって、二日にうかがいたいのですがよろしいでしょうか」

「ええ、大丈夫です」

ほっと安堵《あんど》して、おもむろに注文を入れる。

「水仙粽と羊羹粽、それぞれ三束ずつ予約をお願いします。では二日の午後受け取りにうかがいます」

受話器を置いて、ほっと胸をなで下ろす。これで義理が立つ。がっかりさせないですむ。もちろん、私だって早く味わいたい。極上の味、五本ひと束を三つ。モリモトくんのぶん、テラダくんのぶん、もちろん私のぶん。

五月九日

馴染《なじ》んだ味

うさぎや「草だんご」

忘れられないおもたせがある。あれから五、六年も経《た》っているというのに。

仕事の打合せの約束があった。そのひととは初対面なのだが、時間を決めたり駅からの道を聞く電話口の声の調子にあらかじめ親しみを覚えていたから、初めての相手だからといってちっとも気が張らなかった。いやそれより、あのふくよかであたたかな物言いをするのはどんなひとだろう。知らぬあいだに、門のチャイムが今日鳴るのを心待ちにしていた。

午前十一時。彼女がやってきた。

「こんにちは。はじめまして。お会いするのをたのしみにうかがいました」

玄関先で深々と腰を折り、じつにていねいなお辞儀をして挨拶《あいさつ》をするのだが、その様子からは慇懃《いんぎん》さよりやはり親しさがこぼれた。ドアのむこうで、びゅうと音が鳴っている。春風の強い日である。その風にいたずらされて軽くウェーブのかかった髪がくしゃっと乱れているのだが、それを手でなでつけながらふたたびまっすぐ背筋を伸ばし、こちらの目を見て一瞬ふうわり微笑《ほほえ》んだのだった。

「こちらこそ。お待ちしていました。さあどうぞどうぞ」

部屋に入って畳んだコートをかたわらに置くと、彼女は「あのう」と言った。

「あのう、これ……」

手に持ったビニール袋を、ほんの少しはにかみながら上げて、示す。

「じつはついさっき、うちのすぐ近くの商店街で買ってきたんです」

あらなんでしょう。にわかにビニール袋に視線が吸い寄せられる。

「私、いつもここでおにぎりとかおいなりさん、買うんです。巻き寿司《ずし》もおいしいし、かんぴょう巻きなんかも。昔ながらのちいさなお店で、大福とかみたらしだんごとか、もう少しすると水羊羹《みずようかん》も並ぶんです。名前は『ミハシ』っていうんですけれど、そもそも『伊勢屋』さんっていうんですよね、こういうお店」

「ええ『伊勢屋』さん、いいですよね。町に一軒か二軒かならずあって、気張らなくて、ほっとする味ばかりで。それになんといっても助かるし」

「ええ、ほんとに。それで、今日うかがうときなにかお持ちしようと思ってかんがえたのですが、そうだ『ミハシ』がいいな、って。お約束が十一時でしたから、うちを出るときにはお店は開いているし、ちょうどおいなりさんやかんぴょう巻きも並ぶ時間だから」

　こんなもので申しわけないのですが、などとお決りのせりふを口にしなかった。それどころか、彼女はこう言ったのだった。

「長年食べている好きな味なので、ぜひ召し上がってみていただきたかったんです」

　もうビニール袋の中身が気になってしょうがない。

「なんだかおなか空《す》いてきちゃった。拝見してもいいですか」

「どうぞどうぞ。お気に召すといいのですが」

　プラスティックのパックがふたつ。ひとつにはおいなりさんが八個。もうひとつは海苔《のり》巻きだ。

「四つずつ三種類です。かんぴょう巻き、梅しそ巻き、きゅうり巻き。かんぴょうはお店の奥さんがつくってるんですが、これがとってもおいしいんです。お味はしっかりしているのに、ふっくら煮てあって」

　きっちりきゅっと巻いた海苔がつやつや光っている。パックから透けて見える様子が、すでにおいしそうだもの。

「ご夫婦でやってらっしゃるお店なんですが、さっき買いに行ったら『おや、今日はまたずいぶんめずらしい時間だね』って。私が寄るのは閉店まぎわだから」

お昼かおやつにごゆっくりどうぞ、すみませんのっけからビニール袋がさごそさせちゃって。ぴょこんと頭を下げたのだった。初めて会ってまだ十分も経たないというのに、なぜか長年の友人のように思われた。電話口で直感した通りのひとだということもうれしかったのだ。

そして仕事の話が終わって、いそいそ熱い番茶を淹《い》れ、おもたせをいっしょにお昼にいただいたのである。

あの日、おいなりさんやかんぴょう巻きをぱくぱくつまんだうれしい気持ちがいつまでも忘れられない。長年食べている好きな味なので、ぜひ召し上がっていただきたかったんです。もう何年も経つのに、魚が水流をくぐるようにすらりと届いた言葉がいまでもすがすがしい。

今日は風の強い日だ。あのとき一度きり会っただけだけれどお元気だろうか。阿佐ケ谷で降りて、もう二十年以上通い慣れたいつもの「うさぎや」で草だんごをひとパック買いながら、ふと思った。

フルーツパーラーレモン
「フルーツサンドウィッチ」

五月十八日
フルーツサンドウィッチはお好き？

食べず嫌いはラッキーだ。

いつかイッパツ大逆転が待っている。ぜんぶがくるりひっくり返る日がやってくる、もしかしたら。

（フルーツサンドウィッチなんか却下だよ）

ずっとそう思っていた。やわらかな白いパン。生クリーム。フレッシュなフルーツ。どうして三つがいっしょに口に入らなくちゃいけないの。だいいち、フルーツをサンドウィッチにする意味がわからない。どういう成行きでこんなサンドウィッチができあがったのか、不審のひとことだ。だって子どものころフルーツ牛乳も苦手だったもん。

「意味がわからない」というセリフを持ち出すのは食べず嫌いの得意わざだが、いずれにしろ食べず嫌いはいちゃもんをつけながら相手との距離を縮める気などどこにもありはせず、むしろ遠ざけるのをたのしんでいるふしがある。だからずうっと、フルーツサンドウィッチには決して手を伸ばさないままここまで来たのだった。

ところが二年前、旧知の仲の蕎麦屋《そば》のともだちが下げてきたおもたせ、これがフルーツサンドウィッチであった。

「今日ね、用があって日本橋に行ったのよ。日本橋といえば髙島屋、髙島屋といえばこれ。買ってきたわよ、あなたにも。ハイどうぞ」

玄関先でともだちが紙袋を差し出す。わあ、なあに。遠慮のいらない間柄だ、勢いこんで袋をのぞきこむ。

「ほら、『レモン』のフルーツサンドウィッチ。さっきつくってもらったばかりだから早く食べてね。あたし大好きなのこれ。おいしいわよう」

「え」

「だから、すぐ食べてっていってんの」

やいのやいの言って煽《あお》るものだから、「あたしフルーツサンドウィッチ苦手なんだ」などと口をはさむ余地がなかった。

「じゃあ、いま食べる。上がっていきなさいよ、紅茶でも淹《い》れるから」

「あら悪いわね。じゃあ遠慮なく」

そして初めて口にしたフルーツサンドウィッチに愕然《がくぜん》とした。おいしい。すごくおいしい。フルーツもひと切れずつ、どれもフレッシュでキレがいい。生クリームも甘すぎず、もたつきもせず、なにより質がいい。いかにもたいせつに手をかけてつくったサンドウィッチなのだ。

「じつを言うとフルーツサンドウィッチ、ずっと苦手だったのよわたし」

「あら、ぜんぜん知らなかったわよ。じゃあラッキーだったわね。最初が『レモン』のだったなんて。あたしに感謝しなさいよ」

「うん、ほんとだ」

「だったらさ、日本橋に行ったとき『レモン』でつくりたてを食べてみて。この十倍おいしいから」

そして私は、そのあと何度も「レモン」に足を運ぶことになった。イッパツ大逆転のホームランに、やみつきになってしまったのである。

日本橋に行くたびに思う。誰か、フルーツサンドウィッチの苦手なともだちはいないか。

五月二十日

半蔵門に寄って

ローザー洋菓子店「クッキー詰合せ」

四ツ谷駅で降りてエレベーターで上がり、地上に出る。上智《じょうち》大学の桜並木へ続く道を右側に眺めながら、ロータリーを渡って麴町《こうじまち》大通り（新宿通り）を半蔵門の方角へてくてく進む。

何十年数え切れないほど歩いた道なのだが、そのたびに気持ちのいい道だなと思う。車の往来は激しいけれど、道幅が広くて堂々としている。両側に背の高い建物が迫っていないから、皇居に向けてすこーんとおおらかな青空が広がっている。おまけに、東京のどまんなかの大通りだというのに、みょうにかわいい。だって、歩きはじめると左側に「マックドウェル洋装店」の赤い文字もキュートな看板。右側の「第8麴町ビル」には縞《しま》模様のテントが張り出していて、「愉《たの》しいお店　ミロス」「ビッグジョン」「カレーの王様」「テーラー永倉」……ちいさな店がハーモニカみたいにこまごま肩を並べている。さらにその先に昔なつかしい風情《ふぜい》の「麴町ストア」があり、クッキーの「泉屋」があり、もう少し進むと、通りの角に面したガラス張りの店先にレトロな秤《はかり》をどんと置く肉屋がある。あちこちに時計の針が逆回しになった場所が残っている、そんな不思議な通りなのだ。だから麴町大通りを半蔵門の方向、つまり皇居に向けて歩きはじめると、おおらかな気分になってくる。

けれども、今日も一抹の不安はぬぐえない。

仕事の用事をすませた帰り、半蔵門近くの「ローザー洋菓子店」に寄って、どうしてもシュークリームを買って帰りたいのだ。でもねえ、あっという間に売り切れちゃうのよ。ついこないだも、まだお昼の二時過ぎだというのにショーケースのなかは見事にすっからかんで、がっくり肩を落とした。取置きのお客さんのぶんのシュークリームの袋が、ショーケースのはじにひとつだけぽつん。それでもあきらめきれずに「あのう……」。食い下がってみたけれど、ないものはない、のだった。

電話一本して予約すればいいものを、あまのじゃくはよけい意地になる。あくまで気の向くままぷらりと寄って、すんなり買いおおせたいシュークリームなのだ。とはいいながらこの二年、何度半蔵門に行っても無事に買えたことがない。私にとって「ローザー洋菓子店」のシュークリームは、もはや幻の味同然なのである。

さて、そういいながら、年に一度か二度「ローザー洋菓子店」に電話をかけることがある。クッキーの詰合せを買うときだ。

「ローザー洋菓子店」のクッキーはとくべつだ。まずは、あの青空のようなブルーの四角い缶箱。角にまるみがつけられ、ていねいに誂《あつら》えられたことが見てとれる。缶の表の文字は、指でなぞりたい愛らしさ。正面におおきくゴールドの「PASTRY SHOP ROZA CAKES AND COOKIES CHOCOLATES」。その下にはシルバーの色文字で、住所と電話番号。一度目にしたら決して忘れられない独特の間合いが持ち味だ。初めてこの青い缶を手にしたとき、私はあたりの空気がほわーっと「ローザー」色に染まるのを感じて、どきどきした。

青い缶のふたに手をかける。ふわりと開ける。

（うわあ……）

思わずため息を洩《も》らすとはこのこと。ざらめをまぶしたの。ジャムをのせたの。ココア色の。渦巻き模様の。リーフ形の。ハート形の。いろんなクッキーがきちんきちんと、けれどものんびりとした風情で斜になって並ぶ、その様子のかわいらしさ。一枚一枚、手で詰めたときの空気がそのまま残っている。もうそれだけで、なごやかな味わいが伝わってくる。

食べているとくつろぐクッキーが好きだ。口に入れるとほろほろと崩れて、さくっ。舌のうえにやさしい粉の味、バターの風味が広がる。けれども「素朴」とひとことでは片づけたくない、厚みのある味。

その厚みのなかにはいろんな音や匂《にお》いがいっしょに混じっている。粉の匂い。ふわりと上がる白い粒子。ボウルのなかで、かしゃかしゃと泡立て器が鳴る音。ココアの香り。生地がぽったり混ざる音。オーブンの熱。焼きたてのクッキーの放つ蒸気。それらは「ローザー洋菓子店」の匂いであり、音であり、時間である。

そんなことを感じてくれるひとに、このクッキーを差し上げてみたい。

「ゆっくりみなさんで召し上がってくださいね」

目の前のこのひとが、手土産にお持ちした包みを開け、青い四角い缶を取り出すときのことを想像すると、こちらまでうれしい。なごやかにくつろいで、居間で一枚ずつつまむ様子を思い描いてしまう。

「ローザー洋菓子店」に電話をしてクッキーの詰合せを注文するときは、受話器を取るところからしてうれしい。けれども、予約のついでにシュークリームの取置きは頼まない。さらりと頼んでしまえばいいものを、クッキーの詰合せはとくべつだから、誰かのための注文に自分の用をくっつけてしまいたくない。これひとつにしておきたい。あまのじゃくである。

麴町大通りの先、てくてく歩いて買いにいきたいクッキーの詰合せであり、シュークリームなのだ。このちいさな店が、麴町大通りの先っちょにある、その天の配剤に感謝したい。

五月二十五日

お待ちどおさま

夢飯《ムーハン》「海南チキンライス」

その話はさ、もう百万回聞いたよ。ミツイさんがうんざりした顔をわざとつくって言うのである。

「おいしいおいしいって百万回聞いてるうちに、自分も食べたことがあるような錯覚に陥っちゃったよ。なんかすげえくやしい」

そうか、悪かったよ。だっていつも都合が折合わないんだもの。訪ねるときはいつも、なぜか昼間「夢飯」でお昼を食べたあとで、おまけに親切なミツイさんは必ずこう聞いてくれるのだもの。

「もう昼めし食べました？」

そんなわけで、待ってましたとばかり「食べた食べた、すっごくおいしいの、ついさっき食べてきたばっかり」。勢いこんで、その海南チキンライスのおいしさはいかばかりか、自慢話に突入したのは一度ばかりではない。

「あのね、ケチャップ味のチキンライスとはまるっきり違うのよ。シンプルで、すっきりさわやかな食べ心地で」「すっごくおいしい鶏《とり》のスープでごはん炊《た》いているのよ」「鶏肉がふわあっと香りがよくて、嚙《か》めば嚙むほど味が濃くて、でも甘くて、もうたまらないの。鶏肉嫌いのともだちを何人連れてって驚かせたことか」

口角泡を飛ばした。

「……だからね。話はもうたっぷりですから。早く連れてってほしいって頼んでるでしょうが」

ミツイさんはいっとき、私の顔を見ると条件反射のように「ああチキンライス、チキンライス」と繰り返していた。そのたび、ほんと食べさせてあげたいなあと思いながら、ちょっと二の足を踏んでいたのも事実だった。だって、お互い雑な口をきき合っているけれど、わざわざ約束して時間をつくってごはん食べに行くほどの親しさではなかった。はて、どうしたものかしら。ようするに、戯《ざ》れ言《ごと》が少しばかり度を超して、お互い矛先のおさめどころに困ってちょっとばかりばつが悪かった。その証拠にミツイさんは、そのうちぱったり「チキンライス食べに連れてってよ」とは言わなくなっていた。

それが半年ほど前の話である。そして今日、ミツイさんの会社を訪ねる用が久しぶりにあった。いや、用事を電話で終えることもできたし、ミツイさんの部署を直接訪ねるわけでもなかった。けれども、私はある思いつきを頭に浮かべていたのだった。ミツイさんに電話してみよう。もしお昼の時間に会社にいるのなら、仕事の約束を一時にしてもらおう。その一時間前のお昼十二時、手に「夢飯」の海南チキンライスをふた包みぶら下げて訪ねるのだ。そして社員食堂のテーブルでも借りて、向かい合っていっしょに食べるのだ。

「ほんとに？　ほんとに持ってきてくれるの。金曜はなにがあっても会社にいます。絶対どこへも出かけんぞ。おなかぺこぺこにして箸《はし》握って待ってるぞう」

電話の向うの声がまるで小学生みたいだ。私だってうれしい。「話だけ百万回」と言われ続けたままおあずけを食わせっぱなしでは、さすがに申しわけが立たない。

さて、こうして西荻窪「夢飯」の海南チキンライスは中央線と地下鉄を乗り継ぐことになった。電車に乗る前、開店直後の「夢飯」に寄ってランチボックスをふたつこしらえてもらったのだ。できたてほかほか。膝《ひざ》のうえに広がるもわあっとやわらかなぬくもりが、やたらうれしい。ミツイさんもうすぐだからね。あと少しで食べられるからね。

海南チキンライスはそもそも中国のリゾート地、海南島からシンガポールに伝わった味だ。鶏肉をしっとりゆでた、そのスープでごはんを炊く。皿のうえにはゆで鶏とごはん、必ず添えるのはチリソース、醤油《しょうゆ》、しょうが風味の三種類のソース。じつにシンプルな、しかし鶏肉をおいしく味わうには一切むだのない完璧なひと皿で、初めて香港「マンダリンホテル」で食べた二十何年も前、一度ですっかりファンになった。タイにもおなじスタイルのひと皿がある。名前は「カオ・マン・ガイ」。シンガポールや香港で食べるもも肉のゆで鶏とはひと味違うおいしさで、「カオ・マン・ガイ」はさっぱりとした胸肉でつくる。それなのに、地面を飛び回る地鶏はいかにもタイの味で、そのたくましい風味がたまらない。

——そんな話をしながら広告代理店の社員食堂で向かい合って食べる「夢飯」の海南チキンライスは、やっぱり夢のようにおいしい。

「鶏肉もうまいけど、このぱらっと炊き上がったごはんがたまらんねこりゃあ」

じつは、「夢飯」の海南チキンライスは、0と5のつく日がとくべつ香りのよいジャスミンライスに変わる。本日は、まさにそのジャスミンライスの日なのだった。それを知っていたから、いったん思い出すなり食べさせてあげたくなったというわけなのだった。

「ラッキーだねミツイさん」

「いやあ待った甲斐《かい》がありました」

「こちらこそ、待たせた甲斐もありました。耐えたごほうびをついに本日神様が遣わせてくださったというわけですよ」

「果報だね、果報。あれ、その神様ってもしかしたら自分のこと言ってんの」

やだ当然でしょう。憎まれ口を叩《たた》きながら、ああよかった、ほんとによかった今日ランチボックスにあつらえてもらって。しきりにうまいうまいと海南チキンライスを頬ばるミツイさんを眺めながら、思う。

五月二十八日

福をわける

錦戸「まつのはこんぶ」

すっぽんのスープでことこと炊《た》いた極細の刻み昆布。それが大阪・船場の料亭「錦戸」名物「まつのはこんぶ」だ。名前の通り松の葉のように細い昆布は料理人が手で刻んだもの、ふたを開けるとてっぺんの口のところまでぎっしり詰まっているのを見るにつけ、「さすが大阪」と納得する。

ひと瓶一四五グラム四千円。これが高いか安いかといわれれば、たいへんお高い値段といわねばなるまい。しかし、「まつのはこんぶ」の味を一度覚えてしまえば、その四千円はちっとも惜しくない。それどころか、いそいそ四千円を差し出すのがじっさいのところである。

とはいいながら、思いもかけない到来物の「まつのはこんぶ」、これはうれしい。思わず相手を抱きしめてしまいそうな、手を合わせて拝んでしまいそうな、そんな衝動に駆られる。

いくつもらってもうれしい、というのはこういうもののことだ。そうかんがえてみれば、いただきものはふたつに分かれる。たとえ重なってもうれしいもの。重なってしまうとがっくりカナシイもの。

いや、重なろうが重なるまいが、いただきもののありがたさには変りがない。けれども、包みを開けたその瞬間、「あーあ」。抑えようもなく湧《わ》き上がった感情に、たとえそれが針の先ほどわずかでも、自分に向けて動揺を覚えてしまう。ああナサケナイ。つくづくにんげんがちいさくできている。

そんなわけだから、少しばかり気の張る贈りもののときは「いくつもらってもありがたい」「重なってもうれしい」、そういうものを選びたいのは人情である。

ただし、基準はひとそれぞれ違うので、たとえ「あたしならこれ、いくつあってもうれしい」と信じて疑わなくても、ひとりよがりがみごとに滑ってしまうと、さすがにつらい。だからこそ、いったんうんうんうんうなってみるわけだ。ええと、あのひとの場合なら……。

さあ、そこで「まつのはこんぶ」の登場である。いったい、この昆布を嫌いなひとがいるだろうか。そこをまず出発点にかんがえてみると、とりあえず「否」の文字が浮かぶ。すっぽんのスープでふうわりと炊き上げた味わいはうまみたっぷり、それでいて主張を振り回してもおらず、足りないものを感じさせもせず、ようするにストライクゾーンの幅が広い。「これ、私にはあんまり」というお方に当たったとしても、おいしいものに目がない友人知人お隣さんに回していただければ、相好を崩していただけること必至——あれこれ懸命に想像をたくましくするわけです。

ぴしゃりとはまったときの威力は絶大である。「あんなにおいしいものをいただいちゃって」「いやあ、さすがのお味」「一度でいいから食べてみたかった」……こちらが恐縮するほどの褒められようである。いや恐縮とは表向き、内心「やったあ」、ほっと安堵《あんど》して小躍りする。「まつのはこんぶ」様のおかげです。

さて、重なってもうれしいものは、ほんとうに重なると有頂天である。去年だったか、自分で取り寄せて後生大事に味わっていたところに、おなじ「まつのはこんぶ」ふた瓶の詰合せが到来したことがある。

(うわ、ひと瓶四千円がいちどきに三つ!)

前代未聞の異様な贅沢《ぜいたく》さに興奮し、同時に申しわけなさにも駆られて、ひと瓶を数袋に小分けして何人かにおすそわけした。おふくわけである。けれども、ひと瓶だけは自分の手のなかに握って離さなかった。そして思った。この際だから思いきり贅沢しちゃおう。

そして、つくりました。「まつのはこんぶ」だけのスパゲッティ! 「まつのはこんぶ」をどっさり天盛りにしたレタスのサラダ！　「まつのはこんぶ」入りの卵焼き！　木綿豆腐のうえに惜しげなくかけた「まつのはこんぶ」……これまでのもったいながりようにここぞとばかり仕返しするみたいに。ちびりちびり熱いごはんの上にのせたり、豆皿にのせて一本ずつつまみ上げては酒の肴《さかな》に仕立てていたのがうそみたいだ。

ああ、人生にはこんなごほうびがあったのか。ひと瓶があっというまにからっぽになる、その速さにこっそりほくそ笑む。おそるべし、重なっていっそううれしい「まつのはこんぶ」。

六月二日

おだんご下げて

「みたらしだんご」「草餅《くさもち》」

みたらしだんごと草餅の包みをぶら下げて、仕事相手の事務所を訪ねた。

約束の時間までずいぶん時間があったので、ふと思いついて地下鉄を途中下車し、和菓子屋を目指す。老舗《しにせ》からのれん分けして十数年になるその和菓子屋は、手堅い味とでもいえばいいか、口にするとすとんと落ち着くおいしさだ。これといっておおきな特徴はないけれど、「ああこれこれ」。昔ながらの安心する味なのである。

あそこの和菓子屋から十五分か二十分歩けば、訪ねる先の事務所に着く。地下鉄をひと駅手前で降り、和菓子屋を経由して行けば散歩にもちょうどいい。なにしろ空は晴ればれ、かっこうの散歩日和だ。自分の思いつきにすっかりうれしくなって、地下鉄を降りる足取りが弾む。気持ちに余裕があるというのは、うれしいものだ。ひと混みのなかにいるのに、そこから離れている気分になる。いつもはせかせかしたなかに紛れこんでいるくせに、今日は自分だけべつの時間を持っているかのように思えて、エスカレーターにも悠然と乗りこみます。

大通りに出てまっすぐ歩き、たしか歩道橋を二つ越えたその左がわ。ずいぶん久しぶりに行くから不安が頭をもたげ、いつもの白いのれんが揺れているのを見つけるのもすばやくなる。

ガラスの棚に、みたらしだんごと草餅が並んでいる。つやつやとろとろのたれが、ぷくうっとまるいだんごの串《くし》にかかっている。うわあっ。その隣の草餅は、ガラスの向うから青々とした草の香りがしてきそうだ。

決めた。これに決めた。

「みたらしだんご六本と草餅六つ、ください」

受けとると、一瞬たじろぐほどずしっと持ち重りのする包みをぶら下げて、ほくほく顔で大通りを先へ進む。時計を見ると、約束の時間までたっぷり二十分以上あるから、首尾は上々である。

「これ差し入れです、みなさんでどーぞ」

てくてく歩きながら自分の声が頭のなかで鳴ったりするから、なおさら気分がいい。そろそろ夕方だけれど、毎日夜遅くまで働いている事務所だもの、夜食にもきっとよろこんでもらえるのではないかしら。

とまあそんなこんな、約束の時間に訪問先へ到着したわけだ。

「こんにちは」

「いらっしゃい。お元気そうですねえ」

ええおかげさまで、などと挨拶《あいさつ》をかわしたのち、満を持して包みを差し出す。

「うかがう途中で、おいしそうなお菓子を見つけたものですから」

「こりゃうれしい。や、ずしっときますねえ。なんですか。開けていいですか」

そして包みを開いたデザイン事務所のボス推定五十八歳は、相好を崩してくださる、と思ったら、なぜかあわてている。

「みたらしだんごと草餅なんです。みなさんでどうぞ」

ところが、視線が泳いだままである。

「いや、ああ、それが、ええと」

目が宙に浮いている。え、どうしたの、なにかまずいことでも？　にわかにうろたえる。

「いやそれがね、うちの事務所、明日の朝、全員人間ドックなんですよ。だからもう少ししたら早めに晩飯食っちゃって、そのあと明日までずっと絶食状態」

ああー。万事休す。なんてこった。つやつやのみたらしだんごが、にわかに哀《かな》しげに光る。草餅の香りがむなしく鼻先をくすぐる。さっきまでの高揚した気持ちはどこへやら、胸のなかでいっぱいにふくらんでいた風船が、音を立ててぷしゅーっと萎《しぼ》んでいくのだった。

ありのまま言ってくださって、ありがとう。ドア閉めたあとで振り向きざま、「おいおいどうするよ、こんなもんもらっちゃったよ」。そう言われるほうが、もっとつらいかも。勝手にふくらませていた風船はいったん萎んだけれど、救われた気持ちにもなってくる。

「うわ、知らなかった。そうですか明日人間ドック！　絶食直前、ごはんの前にみたらしだんごと草餅はきついわあ。血糖値もぐっと上がっちゃいますねえ」

「いやもうほんとに。アッハッハ」

髭《ひげ》のボスは続けた。ええと、では僕が代表して持ち帰りまして、家族の者がありがたくいただくことにします。

はっ。どうぞよろしくお願いいたします。ほんとにもうすみません、間の抜けたことで。最敬礼したい気分である。

帰り道、顔を赤くした。勝手な思いつきに酔っちゃいかんよ。相手には相手の都合というものがあるんだよ。

六月七日

京のふうせん

末富「華ふうせん」

がらり。玄関の引き戸がすっと横に滑る音が聞こえ、一拍置いて、耳に馴染《なじ》んだやわらかな声が家のなかへ流れこんできた。

「こんにちは、おばあちゃんですよ。おばあちゃんが来ましたよー」

私と妹は畳を蹴《け》って小走りに玄関を目指す。おばあちゃん、やっと来た。先を争うように足をもつれさせながら階段を駆け降りて玄関の上《あが》り框《がまち》に立ったら、着物に羽織すがたの祖母はちょうどうしろ向きに引き戸を閉めているところだ。

振り返りざま私と妹に視線を落ち着かせ、おばあちゃんはやわらかな布をかぶせるような声で言った。

「これどうぞ。ふたりでいっしょになかよくどうぞ」

赤い箱のミルキーのおおきな箱だ。羽織の紐《ひも》のあたりに掲げられた右手に、箱から伸びた赤いモールの持ち手が握られている。箱の表面のペコちゃんと目が合った瞬間、だいすきなミルキーの甘い味が口のなかにとろりとあふれた。

ミルキーの赤いおおきな箱。これがいただきもののいちばん古い記憶である。小学校にも上がっていない、たぶん四歳か五歳の時分。箱のふたを開けると、ミルキーがさごそたっぷり詰まって夢のような光景だった。自分でひとつぶ、妹にひとつぶ、おばあちゃんにもひとつぶ。だいじにつまみ上げた包み紙の両端をきゅっと引っ張る。すると、くるりすばやく一回転、薄紙のなかからまるいミルキーがぽろりと現れる。きゅっとひねるその瞬間、自分の指先に伝わってくるかすかな抵抗に天にも昇るこころ持ちを味わった。

おばあちゃんの赤い箱のなかには、ひとつぶごとに有頂天が隠れていた。けれども、その気分は、妹に気づかれたくはなかった。妹にはいつもえらそうにしていたかったのだ。

「華ふうせん」にもまた、そのような有頂天を味わう。

京都の和菓子の老舗《しにせ》「末富」自慢のこの麩《ふ》菓子は、口のなかに一枚入れるなり、霞《かすみ》のようにふわりとすがたを消してしまう。ぱりっと噛《か》んだそのときは、たしかな厚みと歯ごたえが舌のうえにある。なのに、味わっていると、ふいに消える。うかうかしているると、あっというまにどこかへいなくなってしまうのだ。指でつまみ上げたちいさなまるい一枚一枚の存在ぜんぶを自分が握っている、そんな気になる。

「華ふうせん」。なんと雅びな銘だろう。華やいだ響きに、ふわふわ空をゆくふうせん、弾む紙ふうせんの陽気に乾いた音が重なる。ぽーん、ぽーん。青空に上がるたび、華の蕾《つぼみ》を咲かせる。もひとつ、ぽーん、憂《うれ》いを払う音。子どものころにもどって一枚、二枚、三枚。頬をゆるませながら味わう、ちいさなまるい麩菓子の愛くるしさ。こんなかわいい有頂天が、久しぶりの京都土産である。誰かにあげたいな華ふうせん。

六月十一日
大阪・堺から

かん袋「くるみ餅《もち》」

なんという偶然でしょう。大阪に住む三人のひとそれぞれから、この二年のうちに三度「かん袋」のくるみ餅をいただいたことがある。一度めはおもたせ、あとの二度は宅配便で届いた。三度が三度とも、味わうたびに新鮮な驚きに打たれた。

いかにも大阪情趣が漂う濃緑の掛け紙に、こう記されている。

「茅の海　静き波も納りて　久しき味もくるみもちとて　千の利休も朝夕の茶の湯の友と喜ばれ風味は淡白　酒後にも良く四季を通じて皆様のくるみくるみと　昔かわらず」

どれどれと陶器のふたを開けながら、手がすこし緊張した。くるみもち、というからには胡桃《くるみ》のお餅だろうか。となると、ふたを開けたそのなかの鶯色《うぐいすいろ》はいったいなんの色？　訝《いぶか》しみながら眺めると、とろりんたぷたぷ、揺れる鶯色の下から白くてまるいお餅が顔をのぞかせている。見たことも食べたこともない、不思議な風情《ふぜい》である。

冷やして食べるのかしら。このまま食べるのだろうか。それとも……。首をかしげたまま、こんどは添えられてあった口上書の紙片を手掛かりにする。

表には「創業元徳元年　和泉屋御餅処」、裏には「かん袋の由来」とある。

「かん袋は、鎌倉時代末期、元徳元年（一三二九年）に、和泉屋徳兵衛が和泉屋という商号で御餅司の店を開いたのが始まりです。五代目の忠兵衛が、当時貿易港として栄えていた堺に、明国《みん》等より入荷した農作物を利用して、これを『くるみ餅』と名付けました。その後、ルソンから砂糖が輸入され、甘味が加えられ現在のくるみ餅になりました」

当時の堺は流行の先端を行っていたのだ。海の向うから見たこともない新奇なものが入ってくると、それをどんどん果敢に取り入れる。さすがは大阪商人の面目躍如、「最先端の新しい味」だったのだ。あらためてとろりんたぷたぷを眺める。

紙片にふたたび目を走らせると、ふたたび「ほおお」。文禄《ぶんろく》二年、秀吉《ひでよし》が築城した大阪城に招かれた堺の商人納屋衆《なやしゅう》のひとりに主人、徳左衛門がいた。

「その時、天守閣は瓦《かわら》を葺《ふ》く工事中でした。瓦を運び上げるのは容易ではないと感じた徳左衛門は、毎日奉仕にでて、瓦を取っては次から次へと放り上げました。瓦は春風に煽《あお》られて紙袋がひらひらと舞い散るように屋根に上がり、居並ぶ人々は感嘆の声を発し、これを見た秀吉が、『かん袋が散る様に似たり』と、その腕の強さをたたえ、『以後かん袋と名付けよ』と命じ、それより『かん袋』が、和泉屋の商号となりました　二十七代　かん袋主人　敬白」

数百年をいちどきにタイムスリップ、春風にひらり、ひらり、瓦の舞を目にした気にさせてもらって、味わう前に拍手喝采《かっさい》である。さすが大阪、やることが違う。ここまで盛り上げてもらって、ありがたさはいや増すばかり。たまらずひとさし指で鶯色のとろとろをすくって、ぺろりと舐《な》める。おや？　ひと舐めしただけではわからない。舌先にざらりと触れるこくのある甘さ。かすかな塩味。こんどはスプーンで中身をたっぷりすくい上げ、口に運んでみる。弾力のあるお餅に歯が食いこむと、ざらざらとろとろもくっついて混じり合い、摩訶《まか》不思議な甘みが口中に広がる。

ようやくわかった。くるみではない。枝豆なのだ、このとろみ、ざらつきは。砕いた枝豆のあんでくるんでいるから、名前はくるみ餅。あっぱれ、大阪の銘菓に大感激である。こんなおもたせを手にさせてもらってああありがたい、西に向かって手を合わせて拝みたくなりました。

入り口に暖簾《のれん》をひらめかせて昔ながらの風情を伝える大阪・堺「かん袋」では、ガラスのうつわにくるみ餅を盛り、そのうえにかき氷をたっぷりかけた「氷くるみ餅」

を食べさせるのだという。数年来ずっと、大阪に足を運んだら、ぜひとも味わってみたいと憧《あこが》れている。

六月十六日
梅雨の白十字

「どくだみの花束」


六月に入ったというのにうちの庭はとんちんかんで、まだクリスマスローズの花が咲いている。

うすいミントグリーンのおおきな花が下を向いて群生している、その向う、庭のすみっこにはぐんぐん育って子どもの顔三つぶんはありそうな八角蓮《はっかくれん》が三茎。今年は去年よりもっとおおきくなるんだろうか。コロボックルでも引っ越してきはしないか。じっと見ていたら、おおきな水滴ががまんしきれずぽろんと動き、葉っぱのうえをころころ光って転がり落ちた。

サンダルを突っかけたはだしの指が、あっというまにびしょびしょに濡《ぬ》れている。今朝までたっぷり降りつづいた雨の余韻だ。クリスマスローズの群生をよいこらしょとまたぎ、つま先を雨でたっぷり湿った土のなかにぐっと埋めこんで、かがむ。手を伸ばしたのはどくだみの花。

今年もたくさん咲いたね。一年ぶりの再会と思えば、ちょうどユーカリの木の下あたり、あちこちに顔をのぞかせている白十字がうれしい。

ぽってりと厚い白が、雨が降るごと濃厚な色を帯びてゆく緑のなかに浮きあがる。なんというかわいい花なのだろう。ああちがう、これ、花じゃなかったのよ。どくだみの白十字は花ではなくて、正しくはホウらしい。去年初めて知ったときは「へえ、そうか」と納得したけれど、でも今年また目にしたら「いいや、やっぱり花だよこれは」。白い十字の花が咲いたと思いたい。

庭のかたすみの湿ったところ。一面のどくだみのスペード形の葉の下に手を差し入れ、茎のいちばん下をつかんでぐーっと垂直に引っ張りあげる。土のつよい抵抗が指に伝わってくるが、ひるまず引っ張る。すると、あきらめたようにぶちっ、ぶちっ。土のなかがちいさく爆《は》ぜて、指先を揺らす。

ぐーっと引き切ると、ある瞬間、指先が肩すかしを食らったように軽くなる。握った根もとから先、つまり土のなかに隠れていた地下茎が陽の光に突然さらされて、ほんのり赤みを帯びた白さがすこし痛ましくも映る。うしろめたさを感じながら、自分の引っ張りあげた地下茎をまじまじと眺めると、先端がぶちっと切れている。ひげ根のような細い茎も途中で寸断されている。

どくだみは、土のなかから一本ずつ伸びているように見えるのだが、じつは土のなかでぜんぶがつながっている。だから、ちょっとだけ安心する。この一本を引っ張って摘んでも、長く横たわって伸び走っている地下茎の親分は土のなかに残る。だから、また子分たちが育って、土中から元気に顔をのぞかせてくるはずだ。

思うさま摘んでもぜんぜん心配ない。勝手にそう思うことにしたら、もっと摘みたくなった。根もとを指でしっかり、しかし折り曲げないよう握ってちからをこめ、すーっとまっすぐ引っ張る。はじめはおそるおそる引っ張っていたのだが、そのうち抵抗をたのしむ気分になっている自分を残酷だなとも思う。

一ヶ所を摘み切ってしまわぬよう、間引くようにあいだを空けて摘み続けているうち、左手にはどくだみの大束がどっさり。地下茎の部分には黒い土がほわほわとこびりついている。よいこらしょ。かがんだ背を起こすと、あたり一面を土の濃い匂《にお》いがもわあっと覆《おお》っていた。

あとひと仕事残っている。庭の水やりホースで根っこに水をかけ、じゃばじゃば洗う。指でやさしく地下茎をこすってやると、土が流れてみるみるすべらかな根があらわれ、とてもすがすがしい。

両手いっぱい、どくだみの白十字のうつくしいブーケ。半分はおおきな古いガラスの瓶にざっくり活《い》けて、居間の水屋簞笥《だんす》のうえに。あとのもう半分、緑の好きなだれかにあげたい。ただし、どくだみの匂いがへっちゃらなひとに。

六月二十一日
折詰ぷらぷら

八竹《はちく》「バラずし」

値段の安いものをいただくと、ほっと安心することはありませんか。私は、あります。

お茶飲みがてら会うと、別れ際《ぎわ》に「あのう、これどうぞ」。バッグのなかからときおり甘いものを取りだして渡してくださる方がいる。大福一個。近所のお菓子屋さんのちいさなドライケーキ三つ。さっき立ち寄ったデパートの地下の洋菓子屋のシュークリーム二つ。いつも絶妙なのだ。ちいさな甘いものをひとつかふたつ。わざわざ買ってくださったのに、そのなんでもなさがよけいな負担を感じさせず、こちらもすっかり甘える。

「わ、ありがとう」

さらりと受け取らせてもらえるのが、かえってうれしい。そして、うちに戻って仕事場で熱いお茶を淹《い》れ、さあおやつにいただきましょうとなるとき、感謝の気持ちがむくむく湧《わ》き起こる。そのたびに、こういうちいさなものをさりげなく渡せるのはスマートだなあと思う。

妙な話だが、たとえば百円玉何枚かの値段のもの、これはなににつけさらりと軽い。とくに負担を与えない、そこに気楽なうれしさを味わう。いや、値段の安い高いをあげつらうのはそもそもお門違いだというのはまことにもってその通りです。けれども、にんげん困ったもので、いただきものをふと金額に換算していたりする。

（わあ、悪いわあ、こんなお高いものいただいちゃって）

おなじショートケーキでも、駅前のチェーン店のケーキなら気楽なものだが、どこその有名店のいわくありげなケーキなら「わあ、悪いわあ」。ありがたさがよけいに浮上してきたりもするから、自分でも始末にわるい。

とはいうものの、値段に対する感覚はひとそれぞれだから、また事情は複雑だ。夫が大手の商社の部長をつとめるともだちが、こっそり「ちょっと愚痴言っていい？」。「あのね、この時期はいただきものが多いじゃない。だから私、大変なのよほんと」

山岳部だったミハルさんは、夫とは富士山の山小屋で知り合って結婚したくらいだから、大企業の部長夫人然としたところのまるきりないひとで、だからつけ届けのようないただきものが苦手でしょうがない。しかし、夫には「品物を突っ返すわけにいかないから、だいたい同額のものをお返ししておいてくれ」と頼まれているそうな。

もちろん、お礼状のはがきはミハルさんが書く。モノが届くと、まずどうするか。デパートに足を運んだり、カタログを繰ったり、ネットで探したり、つまり値段をいちいち調べるのだという。

「はあ、そりゃまたご苦労なことねえ」

「まったくよ。ひとの足もとを金額で見ているような最低の気分になる。でも、ものを受け取った引け目が解消されるなら、しょうがないと割り切るわけよ。で、個人のお宅ならおなじ額でさらりとあたりまえの麵《めん》セットとかサラダ油セットとか。相手が会社なら日持ちがして小分けできる缶ジュースセットとかね」

いやはや難儀なことである。

いっそ一律のお返しをすることにしようかとも思うのだが、その勇気もでない。合理的に商品券という手もあるけれど、それでは選ぶことを放棄したようで、ちょっと気がひける。だからミハルさんは判明した値段を頼りに、いただきものが届くたびあでもないこうでもないと知恵を絞って右往左往するのだと言う。たったひとつの包みにも、おとなのいろんな事情が絡《から》まり合っている。

さて、子どものころ、年に一度か二度、夜半に酔っぱらいの父が寿司《すし》折ひとつぶら下げて帰ってくることがあった。

「おーい、起きてるかァみんな」

玄関の灯りだけ残して、家のなかは静まり返っているのだから「起きてるかァ」もないものだが、けれどもこの声が階下から聞こえると、やっぱりいつも飛び起きた。迷惑そうな寝ぼけ顔をつくってみるが、ほんとうはうれしくてうきうきしている。紐《ひも》を解いた寿司折をパジャマすがたの母と妹と私の三人があらたまって囲み、取り皿に分けるのだ。「あたし、かっぱ巻き」「あたしはいかとえび」。眠気が半分からだを覆《おお》っていて、食欲なんかないのに、気持ちだけは食べたくてたまらず箸《はし》を動かす。その様子を満足げに確認した父は、ごろんと横になってたちまち高いびきをかくのだから勝手なものである。

けれども、子どもごころに知っていた。お父さんのぶら下げて帰ってくる折箱には、さまざまな思いが詰まっていた。うまいものを外で食べたんだぞ。ひとりだけ食べてちょっとだけ後ろめたい。おなじものを食わせてやりたいな。オレは酔っぱらってたのしいぞ。こんな父さんも悪くないだろ……いろんな思いは結局ただの赤ら顔の「うぃー」にしかならないのだが、それを家族みんな知っていたから酔っぱらいの寿司折がうれしかった。値段が高い安いとか、おいしいとかおいしくないとか、なんの関係もない。翌朝、父がちょっと照れくさそうに渋茶をすすっているのも可笑《おか》しくて好きだった。

だからだろうか、好きな寿司折をぶら下げてともだちのうちを訪ねると、機嫌のよい酔っぱらいになったようで、お酒も飲んでいないのに千鳥足。みょうに気分がよい。

六月二十六日
ちょっと驚かせたい

ぎぼし「とろろ昆布とおぼろ昆布」

気にそまないものをいただいたときは、どうしているのですか。そんなふうに尋ねられることがある。

わっ。そんなこと、単刀直入に聞かれたら困ってしまう。だって、ほんとうに、そういうときは途方に暮れるのだもの。

「結婚式の引き出物、以前は頭をかかえることが多くありませんでした?」

年長の友人たちが参加する三味線の発表会を聴きに行った帰り、打上げの席でどんな流れだったか、そう言い出したひとがあった。話を持ち出したのは、先週の日曜に教え子の結婚披露宴に出席したばかりだという高校の教諭、カワカミさんである。

「そうめんのガラス鉢セットとか鍋《なべ》と小鉢一式とか、うちにひとつあればこと足りるのに、結婚式に出るたびにたまっていっちゃって」

ああそういえば、ひと昔前までは。一同六人がいっせいに相づちを打つ。

「で、なぜか花柄だったりする」

使いみちに困るのに処分もできず、箱ごと戸棚の奥に何年もしまいっぱなし。あれはつらいねえ。

「ところがね、こないだ驚いちゃった。教え子の結婚式に招かれたんですけれど、その引き出物というのが、なんと靴磨きセット。どこか外国のブランドのものらしいのだけれど」

ほう。みないっせいにカワカミさんを注視する。

「そりゃまたいまどきですなあ。実利的というか合理的というか」

「ええ。私も包みを開けたとき少なからずぎょっとしました。引き出物が靴磨きセットなんて、意表を突かれちゃって」

ほんとにねえ、おもしろいわねえ。一同六人、興味しんしんである。

「ところが」

カワカミさんが一座をゆっくり見回したあと、おもむろに言った。

「これがね、すっごく便利なの、じっさい」

ぐいと身を乗り出して言うことには、靴磨きセット、ましてや外国製品なんて知りもしないし、よほどのことがなければ新しいものに買い直さない。そもそも自分のうちにある靴磨きセットなんて、どこかで適当に買い集めた何年も前のものばかり。そこへ突然いかにも質のよさそうな靴磨き専用の布やらクリームやら、きちんとひと通り揃《そろ》った洒落《しゃれ》た木箱を手にすることになった。そうしたら、がぜん磨いてみようという気にさせられちゃって。

「ミンクオイルっていうの？　あれ、いいわね。すこうし布にとって、ゆっくり染《し》みこませるように磨くと、古い靴も生まれ変わったみたいになって、もうだんぜん艶《つや》が違うのよ、艶が」

話がここまで進んだところで、みな目にうらやましそうな色を滲《にじ》ませている。

「とまあそんなわけで、若いもんの技ありの引き出物にすっかり感心しちゃったというわけ」

引き出物にかぎらず、いただきものはおもしろい。最初はどぎまぎしても、こちらが思いもかけなかった存在感をじわじわ発揮するものがある。フェイントをかけられたぶんだけ、一発大逆転、インパクトは鮮やかだ。差し上げる側にしてみれば印象度は抜群、つまり大成功。だからこそ、なにを差し上げようか、あれこれ知恵を絞る甲斐《かい》がある。

ところで、品選びに神経質にならざるを得ないときがある。それが、いただきものに馴《な》れっこになっているおうちだ。仕事柄、または立場上あちこちから到来物の多いおうち。相手がそんな場合には、うーんと唸《うな》って頭をひねる。あれがよいか、それともこっち。せっかく差し上げるのだもの、「ああまた、これ」とは思われたくない。さりとて、奇をてらったものは恥ずかしい。なにしろ、どうにかよろこんでもらえれば。おまけに、「へえ」と驚いたりしてもらえれば、なおうれしい。

そんなとき選ぶ品のひとつが、たとえば京都「ぎぼし」のおぼろ昆布だ。とはいえ、派手さはみじんもない。包みも、ごくふつうの薄手の紙箱だ。ふたを開けると、そこには黒と白のとろろ昆布とおぼろ昆布がぎっしり詰まっており、繊細な薄さ細やかさに目を見張る。鼻先に届くこくのある昆布の香り。

「おぼろ」とはよく言ったもので、つまみ上げて透かしてみれば、まさに朧《おぼろ》。ぼんやり霞《かすみ》のかかった美しい紗《しゃ》に思わずうっとりする。昆布にカンナをかけて薄く薄く削り取った手間ひまが見てとれ、ひと目で丁寧にあつらえられたひと箱だとわかる。

あっさりとした風味の白昆布、酸味のきいた黒昆布、雲みたいにふわふわのおぼろ昆布。三種類どれも違う味わい、使い勝手もそれぞれ。ごはんに添えたり、おにぎりをふわっと巻いたり、酢のものや和えものに合わせればぐんと風味が深くなる。とっておきはお吸いもの。「ぎぼし」の昆布をたっぷりつまんで椀《わん》に入れ、そこへ熱い湯を差し、醤油《しょうゆ》をちょろり、塩をひとつまみ。たったこれだけで、あっというまに極上のひと椀ができあがる。天下のお助け昆布なのだ。

さらには、口上の楽しみもある。

「旧東海道の西の起点、三条大橋。橋そのものは今ではコンクリートなんですが、欄干の一部には天正年間につくられたぎぼしが残されています。お店がその近くにあるのも、『ぎぼし』という名前との縁を感じますよね。目立たないちいさなお店ですが、京都にいらした折にはぜひ寄ってみてくださいね。ほかにもおいしいものが置いてあります」

ねえ、その「ぎぼし」ってなあに。聞かれればなお張り切って、にわか仕こみの解説を——ぎぼし、つまり擬宝珠は密教の宝具で、金銀財宝を思うままに出すことのできる不可思議な珠のことだ。てっぺんが鋭く尖っており、たまねぎのようなかたちをしている。地蔵菩薩《ぼさつ》が左手にのせているのも、この擬宝珠ですって——ひとしきり話が弾む。

おぼろ昆布をたっぷり買うことなんて、そうあるものではない。きっと最初は「えっこんなにぎっしりたくさん！」と、ぎょっとするにちがいない。けれども、いやだからこそ、おいしいおぼろ昆布を惜しげなく召し上がっていただけたら。そんな気持ちは、ぎぼしを描いた箱の紙ぶたに手をかけるたび、ちょっとずつ伝わってくれるのではないかしら。そうだといいな。

六月二十九日

ごめんください

松花堂「あがり羊羹《ようかん》」

「ごめんください」

この言葉をすっかり聞かなくなった。子どものころ、そう昭和三十年代ごろまでは、「ごめんください」が町のなかあちこちで聞かれたものだ。サンダルつっかけてボールが転がっていった先を追いかけていったら、わわわ、よそんちの玄関に入っていっちゃったよ。思わずすくんでともだちと顔を見合わせ「どうしよう」。

(こっそり入っちゃおうか)

(そりゃまずいんじゃないの。犬でも吠《ほ》えて噛《か》みついてきたらどうすんの)

(じゃあどっちが行くの。あたしやだ)

(ふたりで遊んでたんだから、いっしょに行こう)

(こわいよ。しかられるよ)

(だいじょうぶ、せえの)

「……ごめんくださあい」

知らず知らず「気をつけ」の姿勢になって手をまっすぐ伸ばし、足まで揃《そろ》えて家の奥へ一度で通るよう大きな声でおとないをかける。おしまいの「い」までちゃんと言いおおせたら、緊張の糸をぴんと張りめぐらせ、物音ひとつも逃すまいと全身を耳にする。

（あれ？）

目を見合わせる。

（どうしよ、なんにも聞こえないよ）

（誰もいないんじゃないの）

（じゃあもういっかい）

「ごめんくださあいぃ」

キャッチボールのボールが塀を飛び越え、がっしゃーん、派手にガラスを割った音が鳴り響いたとしても泣きべそかきながら消え入るような声で「ごめんください」。どんなときでもひとのうちを訪ねるときは、まず「ごめんください」を口にしなければなにも始まらない。それが昔のならいなのだった。

すっかり「ごめんください」を聞かなくなったかわりに耳にするのは、「すいません」。「すみません」でもなくて「すいません」だ。

「すいません、キャベツ一個ください」「すいません、七時に予約を入れているんですが」。とりあえず下手に出ておいて、どうにかうまくいくとラッキー。とはいいながら、へりくだっているように聞こえて、じつは相手との人間関係を微妙に避けてもいる。

「あのう」でも「どうも」でも「ちょっといいですか」でもなく、「ごめんください」。その挨拶《あいさつ》には、まずは相手と正面から向き合おうとする気持ちがある。だから、こちらの姿勢もすっくと伸びている。いらっしゃいますか。ご在宅ですか。どなたかご対応をお願いできますか。

手土産を携えているときは、だから、最初のひとことは「ごめんください」。玄関のチャイムを押して、たとえ先方と最初に交わす言葉がモニター越しだったとしても、まずはやっぱり「ごめんください」。きちんとおとないをかけて、そのあとで自分の名前を名乗る。たったそれだけのことなのだが、なにかこう背筋がすっと伸びる。だってほら、たとえ角砂糖でも、あらかじめ一角がぐずっと崩れていてはコーヒーの味にケチがついたような気になるものだから。

たとえば、自分も大好きな「あがり羊羹」を差し上げようというときには、ことさらしゃっきり、

「ごめんください」

さらっと口のなかで溶けて広がる優しげな甘さは、思わず遠くを見つめてしまうどこかなつかしい初夏の味。ほんの一瞬で、ふっとすがたを消してしまう味。

六月三十日

レシピもお土産

アジアスーパーストア
「フレッシュハーブ」「カオタン」

「タイ料理で、ほら、ちょっとレモンがきいててすんごくおいしい鶏《とり》のスープみたいな、ちょっとカレーみたいなの、あるじゃない。名前なんていったっけか」

「ああ、きっと『トム・カー・ガイ』だ」

「……だったかな。スープが白くて、レモングラスとか緑の葉っぱとか、ハーブがたくさん入ってて」

まちがいない。それは「トム・カー・ガイ」っていうココナッツミルクの鶏肉入りのスープで、私も大好物だ。ええと、それでなんの話だっけ。すると、ミノリちゃんが、身を乗り出した。

「それをね、つくってみたいのよ。あの味を自分でつくれたらうれしいなあと思ってさ。むずかしい？」

ううん、ちっとも。多少の勘どころはあるけれど、それは教えてあげるから。だけど、やっぱり肝心なのはハーブなのだ。フレッシュなハーブを使わなければ、「トム・カー・ガイ」のあのおいしさはなかなか出せない。そこが最大の難関だ。

「でもタイのハーブを売ってるところなんか、知らないよ。そうかあ、じゃあ私にはむりだわねえ」

目の前でしょげた顔を見てしまったから、これは助けるほかない。

「まかせてよ。タイのフレッシュなハーブ、いろいろ売ってるところ知ってるからさ、私もときどき行くの。ついでがあったとき買ってきてあげる」

ただ、すぐに行けるかどうかわからないから気長に待っててね。そんな約束をなかよしのアンティークショップの店主、ミノリちゃんと交わしたのはもう半年も前のことだ。忘れていたわけではない、むしろずうっと気にかかっていた。早く渡してあげたいのはやまやまだったが、目当ての店に寄れる機会がまったくなくて、ずっとそのままになっていた。

ところが、今日突然その店に行く用事ができた。わたしもフレッシュなレモングラスがたくさん必要になったのだ。ああよかった。ほっと胸をなでおろす。ようやくミノリちゃんとの約束が果たせるよ。

新宿から明治通りをまっすぐ、職安通りを渡ってしばらくすると、スーパーの二階にその店がある。タイの食材専門店「アジアスーパーストア」。偶然になんか誰も入ってこない、ビルの二階の奥まった場所にある。隣は会話がハングルしか聞こえてこない美容院だ。周辺には韓国やタイをはじめアジア各国の人たちが働く店があちこちにある。ようするに、新宿からずんずん歩いて歌舞伎《かぶき》町を越え、職安通りを一本渡れば、新大久保まで広がるこの界隈《かいわい》にはアジアの濃い匂《にお》いがふんぷんと漂う。

タイの食材が必要になると「アジアスーパーストア」に足を運びはじめて十年ほど経《た》つが、そのたび品揃えと回転のよさに感心する。タイのスーパーで買い物をしているのとたいして時差がない。ナムプラー、ココナッツミルク、カレーペースト……基本素材はもちろん、タクライ（レモングラス）、バイマックルート（コブミカンの葉）、ホムデン（紫小たまねぎ）、プリッキーヌー（唐辛子）はフレッシュなものばかり。南タイでしか手に入らないサトー豆まで冷蔵庫の棚のなかに目撃したときは、拍手喝采《かっさい》した。タイの市場で買い物しているみたいだ。週に一度はバナナの葉だって輸入されてくる。大久保にタイ発見！　うれしかったなあ。

さて、「アジアスーパーストア」に来ると、かならず買うものがふたつある。それが「タクライ・バイマックルート・カー・ホムデン」のひと袋。ちょうどタイ料理一回ぶん、お得なフレッシュハーブのセットだ。「トムヤムクン」はもちろんスープやカレーにも欠かせず、もちろん「トム・カー・ガイ」にも。あれをミノリちゃんに買ってあげよう。四ヶ月前、そうかんがえていたのだ。

もうひとつ、かならず決まって二箱買って帰るものが「カオタン」。かりっさくっと歯ごたえのいい甘さ抑えめの米菓子で、調子に乗って食べていると、あっというまにひと箱はイケる。「アジアスーパーストア」に置いているタイのブランドの「カオタン」、これがくせになるおいしさで、ひところ私はバンコクで帰りにかならず三箱、トランクに詰めて帰ってきていた。行きつけの店で見つからなければ、意地になってあちこち探し出して東京まで運んだのである。それがなんとまあ大久保で！

自分の用事のフレッシュなレモングラスは、ごっそり二十本。ミノリちゃんのぶんも入れて、ハーブセット四袋。「カオタン」一箱もおまけにつけてあげよう。

「約束、忘れてなかったよ！」

お土産のおまけは「トム・カー・ガイ」のレシピである。

トム・カー・ガイ（鶏肉とトマトのココナッツミルクスープ）
2〜3人分
材料
鶏もも肉150g　トマト1個　ふくろだけ8個　プリッキーヌー3〜4本　カー3枚

レモングラス1本　バイマックルート3枚　にんにく1かけ
A［ココナッツミルク1カップ　水1カップ　ナムプラー大さじ1　レモン汁大さじ1½
砂糖大さじ⅔　塩小さじ½］
サラダ油大さじ⅓　香菜適宜
つくりかた
①鶏肉は食べやすい大きさ、トマトはくし形切り（種を除く）、ふくろだけはたて半分に切る。にんにくは叩《たた》いておく。
②レモングラスは包丁の背で叩き、バイマックルートは葉脈を半分ちぎる。
③鍋《なべ》にAを入れて沸騰《ふっとう》させ、ハーブ類とにんにく、プリッキーヌーを加える。
④鶏肉とふくろだけを加え、火を通す。
⑤火から下ろす直前に種を除いたトマトを加え、サラダ油を加えて香菜を散らす。

七月一日
ヒット・エンド・ラン

天文館むじゃき「白熊《しろくま》」

ある芸に厳しい歌舞伎《かぶき》役者が、自分の前に歌謡ショーだか気にそまない公演がかかったあとは、舞台の板をカンナで削らせたという有名な話がある。潔癖性というのか不遜《ふそん》というのか、いずれにしても、ものごとを嫌うというのはこれほどすさまじい感情さえ呼び起こすものらしい。

そんな話を思い出したのは、半月ほど前、思わず耳をダンボにして聞いてしまった会話があったからだ。

出先からの帰り道、夕方のラッシュを避けようと駅ビルの喫茶店に入った。おまけに外はどしゃぶりだから店内は満席で、ようやく見つけたのは大テーブルのはじっこだ。左隣は携帯電話を握った親指を超高速で動かしている学生で、右隣は二十代後半の女性客のふたり連れ。コーヒーを頼んでバッグから文庫本を取り出そうとしたら、右からぽんと声が飛びこんだ。

「ほんといやになったわよ。だって信じられる？　誕生日にもれなくイナゴの佃煮《つくだに》だよ?」

「ていうか、すごいオリジナルなセレクト」

文庫本を開いたものの、こちらの耳はすでにぴくぴくである。

「やだ、こっちの身にもなってよ。『うわ、今年も来たか』って身構えて、こわごわ包み紙をめくって確認するじゃない。するとさ、いつもの透明なプラスティックの箱のなかに、こう、ぎっしりイナゴが詰まってるんだわ。箱のぐるりにぴかーっと光る金色のテープがぐるりと巻いてある。しかも甘露煮みたいな佃煮だから、中身がぺったりくっついてるのがわかるわけよ。なーにが哀しくて誕生日にイナゴがからまり合ってるのを眺めなきゃなんないの」

「私ならいっそ会社辞めちゃうね」

「ね、わかるでしょ。いくら本社が信州だからってさ。上司もなんだか気持ち悪いのが多いしさ、来年イナゴの襲来に遭う前にぜったい辞めてやる」

「イナゴの佃煮が原因で退職って、おもしろ過ぎるわそれ」

「そのうえいっしょに観葉植物も届くのよ、なおさら信じられないいっしょ」

「キモい。その組合せ」

「ありえないよほんと」

「で、食べたことあるのその誕生日プレゼント」

「……むり」

私服がゴールドのミュールと見せブラの女子社員にもれなく毎年イナゴの佃煮と観葉植物をセットで贈るとは、そうとう太い神経の会社ではないか。むしろただものではない。とはいえ、気を遣ったつもりの誕生祝いのせいで会社を辞められては、社長も立つ瀬がなかろう。舞台をカンナで削らせてすっきりできるなら、そのほうがましかもしれません。毎年あい変わらずイナゴの佃煮と対面させられるのは、やっぱりつらいね。

ものを贈るのはむずかしい。いつも不安になる。

こっちのつもり。あちらの都合。微妙にズレてしまえば、かなしい結末を招く。じっさいつらいことになっているのに、たいてい先方からは「結構なものをありがとうございました」としか返ってこない。「せっかくなのですが、アレは好みに合わずハズレでした」「じつはじゃまでした」なんて、わざわざ伝えたりしないものね。

ものを贈るときは、できるだけ相手とのブレが狭いように。とりあえず相手の迷惑にならないように——。よろこんでもらいたいのは山々なのだが、張り切りすぎると気持ちばかり先走って、ただの自己満足に陥りがち。やる気満々は、じつは相手を疲れさせる。いつもいつも神経質に正攻法でがっぷり四つに組むのもおたがい疲れがち。人生、ホームランやヒット・エンド・ランばかりでもあるまいし、コケたり滑ったりするのも一興ではないか。ぐるぐる頭を抱えて悩み抜いたものより、いっそ笑えるもの。たとえズレても、「むふふ」と笑ってもらえるもの。そのほうがカラッとしていて、意外によろこんでもらえたりする。

とつぜん九州のともだちからクールの宅配便が届いたことがある。「なんだろ、いったい」。発泡スチロールの箱を開けるなり、思わずはは、と笑った。

「『むじゃき』の白熊くん！」

鹿児島「天文館むじゃき」を訪れたのはもう六、七年前だが、そのときの感激を伝えたくて、私は東京に帰るなり九州に住むともだちに電話をかけてさかんに騒いだ。

「ねえねえ知ってる。びっくりするほどでかいんだよ。でも、さくさくするする食べちゃえるのよ。それに白熊そっくりでかわいいのー」

ふんふん、それで。ひとしきり黙って聞いてくれてから、ひとこと。

「うん、わたしもすっごい大好物」

天文館は鹿児島随一の繁華街だ。その昔、薩摩《さつま》藩の高級武家屋敷が並んでいたあたり。一九二〇年代に銀座をモボ・モガが闊歩《かっぽ》したおなじころ、ここを歩くのを「天ブラ」と呼んでもてはやしたそうな。そして「むじゃき」の白熊は昭和二十二年、つまり戦後すぐ登場したオリジナルの冷菓。一度食べたら忘れられない。ふわあっとうずたかく削った山のような白い氷に干しぶどうやフルーツ。その様子が白熊そっくりだった。だから、名前も白熊。当時、一杯二十五円。

夏になると、白熊くん目当てにオープン数分で満員になる大人気の「むじゃき」だが、それだけのために食べに行くわけにもいかず、毎夏、白熊くんが恋しくてたまらない。そんなこちらの気持ちを見越してか、ある夏どかんとカップ入りの白熊くん何頭も派遣してくれた。もちろんうれしい。うれしいのだが、発泡スチロールを開けた瞬間、そのでかさに気圧《けお》され「むふふふ」と躁《そう》な笑いがこみ上げた。

お礼に電話をかけたら、むこうの声もカラリと明るい。

「あ、送っといた。みんなで食べて。そのまま冷凍すれば持つからさ」

電話の切り際は、このひとことと。

「張り切って白熊と夏場所の相撲でも取ってよ」

ころころ笑わせてもらって、ラッキー印の夏である。

七月六日
夏が来た

パミスファーム「紅《あか》ゆら」

久しぶりにデパートへ入ってエレベーターを待っていると、なんとなく周囲の雰囲気がざわついている。なんだろう、今日はとくべつな日だっけ。きょろきょろ歩いていたら、あっこれだ。壁のポスターに大きな文字が躍っている。

「お中元大センター、初のスケールで8階催事場にオープン！」

そうか、いよいよ今年の夏も「お中元商戦」に突入したか。「お中元大センター」は総司令本部みたいなものだ。

ついでだから、ひまに飽かして総司令本部をのぞいてみた。ひゃあ広いのねえ！体育館みたいなフロアいっぱい、お中元の洪水だ。世間では、これほど盛んにお中元を贈り合っているんですか。おいてけぼりを食ったような気になり、はじから見てまわることにする。

高級料亭や有名旅館の珍味。売れっ子パティシエのお菓子。産地直送ものも大ヒットとみえて、岩がき、宮古島のマンゴー、たらば蟹《がに》、北海道の牧場特製のナチュラルチーズ、地ビール、豚しゃぶセット。こっちの通路には、健康志向を反映して、味噌《みそ》の詰合せやお酢セット……お中元もずいぶん様変りしたものだ。ぐるぐる回ってひと通り歩いた結果、いまどきのお中元のメインストリームはこんな様子。

①健康志向のもの
②産地直送の素材もの
③料亭や割烹《かっぽう》、ホテルなど高級宿の特製品

食べもの以外ならハーブソープやアロマグッズ、オーガニック素材のタオルとか。ひねりをきかせたものでは、陶器の蚊遣《かや》りや睡蓮《すいれん》鉢、地震対策グッズなんてのも。ひところ前までのハムや石鹼《せっけん》やサラダ油のセットのように「これを差し上げていればまず安心」ではなく、むしろ「自分が欲しいものを選ぶ」感覚でしょうか。総司令本部はこれでもかと品物をずらり揃《そろ》えて、今年も戦意満々である。

その甲斐あって、「お申込みカウンター」は、まだ午前中だというのにぎっしり満員御礼。なかにはメモと照らし合わせながら分担して、せっせと住所書きに打ちこむ夫婦連れも何組かいる。片や受注システムにもぬかりなし。商品の横に備えてある商品番号の紙片を一枚取って、カウンターの係員に渡す仕組みである。届け先の住所は一枚ずつ宅配便の用紙に書きこみ、一括支払い。こんなに混雑しているのに、さすが総司令本部は粛々とことを進めている。すごいもんだな。全国各地の産地や店―デパート―宅配便。デパートを軸に、みごとな連携流通プレイだ。お中元はすでに社会のシステムに組みこまれている。このデパートの光景は日本だけのものだ。

そもそも「中元」は、道教の習俗「上元・中元・下元」の「三元」で、陰暦七月十五日を指した。道教では、中元をにんげんの罪や過《あやま》ちを贖《あがな》う日と定め、一日中火を焚《た》いて神を祭るお祭りを行なった。それがのちに仏教の「盂蘭盆会《うらぼんえ》」と混同され、しだいに祖先の霊を供養《くよう》する日となっていったのだ。さらに江戸時代以降、中元に親類縁者が往来し、盆の礼として贈りものをするようになった。お中元はすこしずつ、ふだんの生活のなかに便利なように取りこまれていき、定着したのだ。お中元の中身もいっしょに変化していく。

　デパートの「お中元大センター」ですっかり社会見学させてもらって、かんがえた。お中元やお歳暮をあながち「儀礼」と遠ざけるのも度量が狭い。うかうかしていれば、びゅんと矢のように飛んで過ぎる一年だもの、前半と後半にそれぞれ句読点を一度ずつ。「このひと、あのひと」。たいせつに顔を思い浮かべながらものを贈り合う営みには、やっぱりうるおいというものがある。

「お中元大センター」に充満していた熱が、ぽっと移って私にも点火したとみえる。

デパートを出たら、私も誰かに贈ってみたくなった。

こういうときに選びたくなるのは、たとえばいろんなひとに知ってもらいたい味。沖縄のあのトマトなんかどうだろう。それは、軽石を細かく砕いた砂「パミスサンド」を使う「パミスサンド栽培」で育てたトマトである。沖縄に移住して、いきなり農業の世界に飛びこんだ若い夫婦の夢がぎっしり詰まった味は、皮までおいしい。かわいいお手玉サイズなのに実がよく締まっていて、水に入れると重くて沈むのもびっくりだ。塩もオリーブオイルもなし、そのまま噛《か》むと口いっぱい広がる汁は、甘くてほの酸っぱくて、濃縮ジュースのような沖縄生まれのおいしさだ。

その名もかわいい「紅ゆら」トマト、「お中元」にかこつけて贈ってみたい。「わあ、沖縄にこんな味のトマトがあるの⁉　おいしいねえ。また食べたい」。じわじわと名前が知れて広がっていきますように。祈りながら贈る、今年の「お中元」。

七月十二日

沖縄のうまいもん

銀座わしたショップ「泡盛、ゴーヤーなど」

初めての味を口にしたときのことを、ひとはどのくらい正確に覚えているものなのだろう。

強烈な驚きとともに私が思い起こすのは、たとえばミルキーだ。赤い箱からぬめっと厚い手触りの包み紙を取り出し、両側をくるりとひねると、ほんの少しいびつな白いまんまるが現われる。つまみ上げた指先に乾いたぬくもりを感じて、にまあっと頰がゆるむ。舌の奥の両側から生つばがわき上がるのを感じてうずうず、あわててそのひとつぶを口のなかにしまいこむ。生まれて初めて知るねっとり優しいミルクの味は、まず舌の上に甘い甘い夢を広げてゆき、ゆっくりと足の先まで溶かすのだった。

(あとひとつぶ、もうあとひとつぶ)

箱の底が見えるまでやめられない。だんだん箱の赤い色がこわくなって、ペコちゃんと目を合わせないようにしたっけ。

そんな烈《はげ》しいほど忘れられない初めての味がいくつもあればあるほど、舌のうえに宿る記憶の海は深く、広い。

さて、おとなになってから驚愕《きょうがく》とともに体験した味、これはもう数限りない。そのひとつがゴーヤーだ。子どものころゴーヤーを口にしたことは一度もなかった。名前だって聞いたこともなければ、あのいぼいぼの突起に似た食べものを味わったこともない。三十を過ぎてから、誘われて入った沖縄料理屋で初めてのゴーヤーと対面したとき、これはもう事件だった。

けれども、じっさいは少し拍子抜けした。苦い、苦いとみんな言うから、薄切りにしてかつおぶしと醤油《しょうゆ》を回しかけただけの味はいかほどかと腰が退《ひ》け、用心しいしい箸《はし》でつまんだ。

あれ?

(この苦さはやみつきになる)

いっぺんでゴーヤーの虜《とりこ》になった。ゴーヤーは不思議な食べもので、もちろんたしかに瓜《うり》の一種なのだが、なんといえばよいか、「野菜」の範疇《はんちゅう》を超えた圧倒的な存在感を味覚の芯《しん》に植えつけた。たっぷりと水気を含んだ苦みの鮮烈なおいしさを、浴びせかけるようにして学ばせてくれたのである。

以来、夏が来ればゴーヤーが恋しくなり、沖縄に旅をするほどゴーヤーが身近になっていった。

隣町みたいに沖縄に足繁《しげ》く通っては、とれたてのゴーヤーやらつくりたての島豆腐やら、おじい手焼きの亀《かめ》せんべいやら頬張りたいのだが、残念ながらそうもいかない。そこで、せっせと足を運ぶのが銀座一丁目の沖縄パラダイス「わしたショップ」である。

じっさい、「わしたショップ」の品揃《ぞろ》えは年を追うごとに濃度がうなぎのぼりだ。そろそろ島パイナップルがとれる時期だなあと思えば、島パイナップルの甘い香り。もちろん買っていくさー。パッションフルーツ、島バナナ、パパヤー、マンゴー、枝から離れた次の日には銀座に到着している。さらには、葉のうら側の紫色が美しいハンダマー、沖縄では一年中採れるシスナバー（ふだんそう）、田イモも紅イモも並ぶ。ぺらっと薄いかまぼこ、沖縄そばの生麵《めん》、ふわふわのゆし豆腐、しっかりと歯ごたえのいいスヌイ（もずく）、ぷちぷちの海ぶどう……なまものもふんだんに手に入るのだから、沖縄の市場にいるのと変わらない。まさに銀座のリトル沖縄なのだ。開店した一九九四年からしばらくはお客もまばらでのんびりしたものだったが、いまや平日の夕方ともなれば大混雑の盛況ぶり。

以前ののんきな空気がなつかしいなあと愚痴ってみても始まらない。そのぶん品揃

え も新鮮で豊富になったのだから。かごぶら下げてじっくり腰を据える気になり、「わしたショップ」の棚をはじからパトロール。

本日の買い物は、ささげひと袋、亀せんべいひと袋、「高嶺酒造所」の泡盛一本、島パイナップル二個、島らっきょう一袋、ナーベラー（へちま）一本、そしてアバシゴーヤー一本、ふつうのゴーヤー一本。

むっちり太ったアバシゴーヤーが箱にどっさり積み上げられているのを目にしたら、思わず手が先に伸びた。苦味のやわらかなアバシゴーヤーは、ふつうのゴーヤーよりたっぷりおおきく、そのぶん水気もあって苦みがやわらかい。苦さに慣れていないひとにはこっちが食べやすい。苦み走ったゴーヤーとソフト版のアバシゴーヤー、二種類の食べ較《くら》べをさせてあげよう。

カナイさんのうちに寄ることになっていた。カナイさんのところには保育園に通うユウキチがいて、お姉ちゃんのタエちゃんは小学校に上がったばかりだ。カナイさんが会社から戻るのが八時過ぎるというから、じゃあ私が早めに行って晩ごはんの用意をしておいてあげるよ。きのう、電話でそういう約束をしていた。

初めてのゴーヤーチャンプルー、好きになってくれるといいな。子どもたちのぶんはアバシゴーヤーでつくろう。おとなは苦いほうのゴーヤーを薄切りにして醤油とかつおぶしをかけ、しゃっきり歯ごたえのいい和えものを肴《さかな》にして、泡盛を飲もう。島らっきょうはてんぷらにして。

すぐ行くから待っててね。銀座から地下鉄を乗り継いで四十分。うんと張り切って、ほら、エプロンだって持ってきたんだよ。

七月十四日

夏は梅干し

龍神自然食品センター「梅干し」「龍神梅ジュース」

窓ごしの空が白んでいる。ベッドに横になったまま薄目を開け、そのまま首を上向けて時計の針を見やると四時三十七分。夏の夜明けだ。

いつごろからだろうか、目覚しをかけずに寝るようになった。夜早めに休むと、すうっと気持ちよく目が覚める時間が朝方四時過ぎ。日によっては四時十五分だったり四時半だったり、または五時前だったりもするけれど、だいたい四時台に起きることになる。そうして、朝ごはんの前にしばらく机に向かい、白湯を飲みながら三時間ほど仕事にかかる。これが十年来の習慣だ。

さて、初夏に入ったあたりに毎年決まってはじまる習慣がひとつある。台所に立って朝ごはんをつくりながら梅干しを一個、口のなかに放りこむのである。

ガラスの保存瓶から梅干しひとつぶつまみ上げ、口のなかにぽん。かさり、梅干しの皮の皺《しわ》が舌に触れる。けっこうおおきなひとつぶなのに不思議に重みやかさばりがなくて、だから一瞬だけ安心するのだが、その〇・五秒のち梅干しは鋭い一撃をかましてくる。

すっぱっ。ほっぺたの両側の奥がきゅーっと縮み、耳のうしろに緊張が走る。いつものことなのにちっとも馴《な》れない。いやだからこそ毎朝、からだが一気に覚醒《かくせい》するのだろう。

夏は梅干し。秋冬も梅干しは欠かさないけれど、夏ともなればいっそう。湿度の高い日が続くようになると梅干しがほしくてたまらなくなる。からだが、ほしいほしい梅干し、しきりに手を差し伸べるので、ハイハイわかりましたよ、と応じる。その習慣が長く続いている。

梅干しの酸っぱさがからだのなかに入ると、元気が湧《わ》く。全身、起床。威勢のよい号令がかかって指先までぴんと伸び、「気をつけ！」となる。

起抜けに台所に立って梅干しをひとつぶ。朝ごはんのときにひとつぶ。毎朝合計ふたつぶ。炊《た》きたてのごはんがあまれば、ちぎった梅干しと炒《い》りごまをごはんにさっくり混ぜてちいさなおにぎりに結ぶ。梅干しをそのまま入れて炊きこんで、梅ごはん。豆腐にも梅干しをちぎって添え、三つ葉やオクラも刻んでのせてごま油をたらり。梅干しととろろ昆布を椀《わん》に入れたところに熱い湯を注げば、たちまちおいしいおつゆができる。わたしにとって梅干しは万能調味料のような存在だ。と同時に、酸っぱさは夏の暑さの疲れを解消してくれる日々のくすりでもある。

梅の酸味は、ただ酸っぱいだけではない。胸がすうっと通る。疲れたりだるかったりしていても、詰まりをすーっと押し流してくれる。その爽快感《そうかいかん》を覚えてしまったから、夏のからだが梅をほしがるのだ。

だから、梅干しだけでなく梅ジュースも。

ジュースのたぐいをほとんど飲まないのに、飲むものがふたつだけある。それが「龍神梅ジュース」と「川平《かびら》ファームパッションフルーツジュース」だ。どちらも、こんなきれいな酸味があろうかと思うくらいすっきりとして、雑味がない。ひとくち、ふたくち、たちまち喉《のど》にころころ鈴の音、軽快に転がりながら滑り落ちてゆき、あとにはからだのすみずみまで気持ちのよい風が吹く。

とまあそんなふうだから、夏は梅が頼りなのです。梅干しを、種になってもあめだまみたいにいつまでも舐《な》めている。朝、うっかり梅を口に放りこみ損ねると、わすれものをしたようで落ち着かない。

さて、毎夏決まって梅干しを贈ってくださる方がある。きちんと塩がしてあって、昔ながらの梅干し。もっちゃり果肉がやわらかくなんかなくて、蜂蜜《はちみつ》とか入ってなくて、昔ながらのしょっぱい梅干し。これがありがたい。みっしり肩を並べた梅干しを眺めながら、梅干しごはん、豆腐、おつゆ、サラダ、魚の煮もの……惜しげなくどんどん使えるのがなんともありがたい。

喜び勇んでお礼のはがきを書く万年筆の先にも、ぐぐとちからが入る。

注・「龍神梅ジュース」は商品名を改め、現在は「龍神梅のしずく」として販売されています。（P45、46のグラビア写真は改称前の商品です。P318の「おもたせ道案内」も参照のこと）

七月十九日
水なすですよ

水なすのただやす「水茄子太郎」

あんなによろこんでもらえるなら、もう何度でも。

初夏が近づくと、あの夜を思い出す。六、七年まえ、梅雨のまっただなかだった。マンションの一室をピンポン、押したチャイムの返事は扉の向うから聞こえてくるざわめきだった。旧知の仕事仲間の事務所移転のパーティは宴もたけなわである。

お祝いに持参した水なすの漬物、十二個。着くなりキッチンへ廻って袋を開ける。糠《ぬか》をぬぐってさっと水で洗い、手でそのままへたを取ってから一本を五つ六つに裂く。十二個、どんどん裂く。

「そうだ、氷、ありますか?」

事務所の女の子にぶっかき氷を用意してもらって大鉢にざざーっと入れ、そこに手早く裂いた水なすをどっさり。深い紫を帯びた皮の光沢と内側の実のさっくりとした白のコントラストが、冴《さ》えざえとして美しい。

「うわあ、おいしそうですねえ」

彼女がごくりとつばを飲みこむ音。よし、用意はできた。

「じゃあ、行ってきます!」

両手で抱えるように持ち上げて、一座のまんなかへ運びこんでくれた。

「みなさま、水なすですよー」

場の空気がさあっと静まった。つぎの瞬間、おおよそ三十人のあいだにざわざわっとさざ波が走る。こんどは入れかわり立ちかわり近づいては、裂いた水なすをつまみ上げて口に放りこみ、あっというまに大鉢のなかはすっからかん。おおぶりの水なす十二個、うそみたいに姿を消した。ぶっかき氷は溶ける間も与えられず、まだ尖《とが》って鋭く光っている。その消えっぷりの爽快《そうかい》だったこと。

ただ、当の本人はうれしさを通り越したのち、こっそり反省モードに入る。持っていく量がすくなかったかな。もうすこし細く裂いておけば、おかわりできるひともいたかしら。誰かが手渡してくれた白ワインのグラスで喉《のど》を湿らせながら、そんなことを頭に浮かべていると、いろんなひとから声がかかる。

「今日初めて水なすを食べました。あんなにおいしいものだったなんて、感激」

「ふわあっとやわらかくてジューシーで。あれが水なすの味なんですねえ」

「さっきの水なす、どこで手に入るか教えていただけませんか。もう一度食べてみたい」

ああ、よかった。ちゃんとよろこんでもらえていた。ようやくほっと安堵《あんど》してグラスを傾けたのだった。

そんなことがあって気をよくしたものだから、図に乗って、初夏から夏にかけてしょっちゅう大阪・泉州の水なすの漬物をつかう。なすが苦手だというひとも、「これなら食べられる」と褒めてくれるのだもの。はりきりついでに、その場でさかんに講釈を垂れてしまいます。

「水なすは、風が吹いても傷つくといわれるくらいデリケートだから、金っ気を嫌います。包丁で切ってはだいなし。ほら、こんなふうにへたの根っこに指をくいっと差し入れれば、簡単にへたが取れる」

「できるだけ包丁で切らないでね。指先をさくっと入れて下に裂くと実の部分がざっくり割れて、自分で勝手に裂けてくれる。おおぶりのほうがおいしいから、そうねえ、裂くのはおおきく五つ六つ見当」

おもてなしのときは氷のうえに。きーんと冷えた水なすは、もうそれだけで大ごちそうだ。

「裂いたその場で、待ち受けるようにして間髪入れず頬張るくらいがちょうどいいです。うかうかしていると、指のちからが強く当たった部分から茶色く変わっていっちゃう」

醤油《しょうゆ》はいらない。糠漬けの風味だけで、水なすの甘さとうまみがぜん引き立つ。大阪の泉州だけでしか育たない水なすは、滴《したた》るような水気が舌に広がる風土の恵みだ。稀少な産物を頬張ると、ともに恩恵にあずかるようでよけいうれしい。

おととい、はがきが舞いこんだ。文面にはこう記してあった。

「いよいよ七月末、新築あいなったわが家がぶじに引渡しの運びとなりました。この一年、一家で結成した新築プロジェクトチームもついに解散かと思えば、とてもさみしいですが、とにもかくにもめでたい！　ほっと胸をなでおろしている次第です。

八月五日、午後一時よりオープンハウス。

ぜひ冷やかしにいらしてください。家族みんなでお待ちしています！」

今年の夏もいつもの水なすの漬物でいこう。

七月二十七日

ハイカラブルー

末富「両判」

指のうごきが止まった。ナミさんから手渡されたブルーの紙包みに触れたとき、ぷるるっと緊張が走った気がした。

あまりにも予想とかけ離れていたのだ。鮮やかなブルーの包装紙に描きこまれている花のモチーフはオレンジ、ピンク、イエロー、なんともにぎやかでかわいい。目の覚めるほど鮮烈なブルーと不思議なほど溶け合って、和風と洋風が混じり合う。包みの中身はクッキーかしら、それともビスケット。

ところが——。

図柄の愛らしさに気を取られていたら、足もとをすくわれた。ぱりり、この包装紙の毅然《きぜん》とした張り。一枚の包装紙に、たしかな意志が張りめぐらされている。指の腹がとらえた鋭い切っ先にたじろいで居住いを正す。ただものではない。

それが「両判」との出合いだった。「両判」は、京都の和菓子舗「末富」の麩《ふ》菓子である。紙包みの愛らしい印象をみごとに裏切られて、動揺した。つまり、のっけから一本取られてしまったのだ。

なんてハイカラな紙包みなのだろう。おもむろに桃色の紐《ひも》を解き、ぴしりと四角く折りこまれた包みの絵柄にあらためて見入る。うっかりすると野暮に映るところなのに、それがぎりぎりの線で洗練のがわに立っていることへの驚き。平凡に見せて、配色にも絵柄にも、じつはエッジが立っている。かさこそ鳴る紙の音を聴きながら、紙一枚の張りが伝えてよこす緊張感に、すこし身構えたそのとき。

(これは……)

なかからすがたを現わした箱ときたら！

銀色ただ一色。いっさい文字も飾りもない、そっけないほどすっきり、ただ四角いだけのアルミ缶。ブルーから一転、銀色へ。意表をつく舞台転換に圧倒されて息を飲む。おずおずとふたに手を掛け、ゆっくりはずしにかかる。

ぱかっ。

軽い金属音を追いかけて、ハトロン紙の上掛けのなか、いちに、いちに、お行儀のよい整列が透けて現われた。

「末富ブルー」と呼ぶそうな。青と水色をこき混ぜたような鮮烈なブルーは、昭和三十年に生まれた。

「末富」二代め店主が包装紙を新しくしたいと依頼した相手は、日本画家・池田遥邨《ようそん》。若くして洋画から日本画へ転身した画家の意気ごみは相当なものだったにちがいない。目をくぎづけにする斬新《ざんしん》な色彩、シンプルなデザイン。そして、どこにもない鮮やかな地色のブルー。

それから何年も経《た》って、三代め店主、山口富蔵さんに話をうかがったことがある。

「この『末富ブルー』、一度目にしたら忘れられない色合いです」

「ええ、それはもう。先代がこだわってつくり上げた色なのです。このブルーは一度の印刷では出すことができない。まず、いったん白を敷きましてね、そのうえに青を重ねて印刷して初めて出せるのがこのブルーだったのです」

「驚きました。それほどの手間ひまをかけて守られている色だったとは」

「そのうえ、色褪《あ》せしやすいのです。店内に長く置いておくと、ブルーの微妙な色合いが変色してしまう。いっぺんにたくさん刷れませんのや」

お菓子とおなじ、なまもののようにデリケートな包装紙なのだ。けれども断固、この色、この絵柄、この手触りでなくてはならない。守ることでつぎの新しい時代を切り拓く、そんな決意と執念が紙一枚にこめられている。

さて、初めて口にしたその日から、「両判」は私にとって特別なお菓子になった。

小判のかたちの薄い一枚を指にはさんで、口に運ぶ。さりさりと小気味のよい乾いた音は、歯で砕く音、耳に響く音。空気をふくんだかろやかさがあっけなく雲散霧消し、どこか遠いところに消え果てる。ぱりっと勢いをつけて噛《か》んだそのあとの、置いてけぼりを食ったようなあっけなさ、頼りなさ。それが麩菓子の身上だ。

「両判」には、二種類のおいしさがある。片がわに黒砂糖を塗ったもの、お醤油《しょうゆ》の入った白い砂糖を塗ったもの。黒砂糖のこっくりとした甘さも、さっぱりとした醤油入り砂糖の甘辛さも、どちらのおいしさも捨てがたい。熱い煎茶《せんちゃ》か焙《ほう》じ茶を淹《い》れ、後生大事にアルミ缶のふたに手をかけるのだが、「あと一枚」「もう一枚だけ」。あとを引いて困る。

このお菓子を教えてもらってよかったな。

その教えてくれた相手がナミさんなのだった。もう何年も前のことだ。

「紅葉を見に京都へ行ってきたの。お店の前を通りかかったから好きなお菓子を買ったのだけれど、あなたのぶんもあるわよ」

あのとき彼女はバッグから風呂敷《ふろしき》包みを取りだして、「おいしいのよとても」。おごそかに言った。

こっくりと深い栗色《くりいろ》のちりめんをナミさんがとろりとほどいた瞬間、ぱあっと目に飛びこんできたのは、見たこともない美しくてやわらかなブルー。それが「末富ブルー」だった。

七月三十一日
自慢の缶詰

竹中缶詰「ホタテ貝柱くん製油づけ」
「オイルサーディン」「かきくん製油づけ」

「久しぶりにゆっくり飲もうよ。今度の土曜日、どう」

電話の向うでともだちの声が弾んでいる。彼女からお座敷がかかっては、断われるはずがない。

「ミヨシちゃんも来るって。キダさん夫婦にも声かけた」

ますます万障繰り合わせちゃうよ。

みんな気の合うともだちどうしだが、こうしてわざわざ取りまとめてくれるひとがいなければ、なかなか一堂に集まる機会がない。似た者どうし、仲はよくてもわざわざ集合するという発想がない。とはいいながら、会う機会があればやっぱりうれしい。なければないでそのままだらだら年月が過ぎる。ときおり顔を思い浮かべてみると、「あれ、そういえばもう一年以上会ってないよ」。そんなふうなのだが、みなのあいだにはそれなりの阿吽《あうん》の呼吸がある。

「でね、持ち寄りにしようと思います。ミヨシちゃんはドイツのビールを持ってくるって。しゃべりながらゆっくり飲むときは、日本のビールよりずっと座持ちがいいんだって。キダさんにはあとで相談してみるけれど、彼女のいなり寿司《ずし》すっごくおいしいからリクエストしようと思って。でも、手がかかるから悪いかしらね」

「ううん、そんなことないと思う。だってキダさん、いなり寿司をつくってひとにあげるの、趣味だと言っていたもの」

いつだったかおなじような気のおけない集まりがあって、そのときキダさんが手製のいなり寿司を持参したことがあった。笹の葉を敷きつめた木箱二段に、ぎっしり四十個のいなり寿司。驚いて「うわあたいへんだったでしょう」と耳もとで囁《ささや》くと、すぐさま手を振って応じた。

「それがね、ぜーんぜん。だって私、お揚げをことこと煮含めているときがすごく好きなの。冷まして、煮汁をかるうく搾《しぼ》って、白ごまをたっぷり混ぜた寿司飯をそろりと詰めていると、もうそれだけでうれしくなっちゃう。四十個なんて、あっというまあ趣味みたいなもんね」

へえ、ひとそれぞれなのだなあ。感じ入りながらつまんだ小ぶりのいなり寿司は、ほのかに柚子《ゆず》が香って、いくらでも食べられた。私もあの味、久しぶりに食べたい。

「で、あなたどうする?」

いなり寿司のおいしさを思い描いてぼうっとしていたら、たたみかけられた。

「私はポテトサラダかなんかつくろうと思ってるけれど、あとはまかせるわよ」

ドイツのビール。いなり寿司。ポテトサラダ。ああ、いい感じ。おとなのおまつりみたいだ。

「そうねえ、じゃあ私、とびきりおいしい缶詰を見つくろうわよ。すごいわよ。感動のおいしさよ」

帆立の燻製《くんせい》。オイルサーディン。牡蠣《かき》の燻製。京都・丹後の「竹中缶詰」の味は、一度覚えてしまうとあと戻りができない。〝缶詰を超えた缶詰〟と自慢したくなるおいしさだ。

たかが缶詰などと高をくくっていたわけではないのです。けれども、これまでずっと缶詰から遠ざかっていた。缶詰は困ったときに開けるもの、そう思いこんでいた。ところが、初めて「竹中缶詰」のオイルサーディンを口にしたら、これには驚愕《きようがく》した。ぱかっ。乾いた音に耳洗われるような気分を味わいながらふたを引っ張り上げると、身の肥えた銀色のサーディンが交互に身を横たえ、ぴしりと美しい整列をつくりながら機嫌よさそうにたぷたぷ油に漬かっている。その様子からして、すでに絶佳。がまんできずフォークで一尾つまみ上げ、口のなかに放りこむ。

うまいっ。

香りがいい。味がいい。缶詰臭さなどどこにもない。すでに、この缶詰でなければ出せないおいしさの領域を感じさせる。やめられず、もう一尾。つまんだその指が勝手に缶詰のなかに戻って、もう一尾。気がついたら、台所に立ったまま缶詰握って半分近く平らげていた。

栗田《くんだ》半島、丹後の老舗《しにせ》「竹中缶詰」でつかうのは春に獲《と》れた新鮮な小羽いわし。かんがえてみれば、素材のよさを生かすためには缶詰もまたひとつの保存の手だてなのだ。たて続けに買い求めた牡蠣の燻製、これにもまた言葉を失った。ぷっくりおおきな牡蠣に少し強めのスモークがかかっていて、香ばしさがずしんと響く。舌のうえでとろけて崩れる絶妙のやわらかさも、危険領域だ。あとひとつでやめておかなきゃ、いいやあともうひとつでがまんするから。ひとつぶ口に入れるたび決意するのに、手が勝手に動く。

「ハイハイもうわかった。それがいい、その缶詰食べたい。土曜までがまんするからさ、絶対持ってきてよね」

電話の向うで食いしんぼうが悶絶《もんぜつ》している。

八月三日

お見舞い

八竹「大阪鮓《ずし》」

「外科病棟の面会ルームってさ、内科病棟とはちょっと雰囲気が違うのよね」

車椅子《いす》からすこしからだを浮かせてパジャマ姿のヨシダさんが小声になるので、こっちもつられて顔を寄せる。

「え、なに。なにが違うって」

ヨシダさんの両足は膝《ひざ》の上まで石膏《せっこう》でがちがちに固まっている。下半身に白い影像がくっついているみたいな様子だが、上半身はいつもと変わらず闊達《かったつ》に動く。

「微妙に明るいでしょ、空気が」

そういわれればそんな気もする。しかし、彼女の椅子の横には立てかけた松葉杖《づえ》が二本。雨の日にトラックをよけそこね、オートバイといっしょに大横転して複雑骨折、病院にかつぎこまれて手術室へ直行したのち入院八日めである。

「エネルギーをもて余してるのよ、退院まぢかの外科の入院患者って。ベンチで煙草《たばこ》吸ってるムロイさんは肘《ひじ》に入れた鉄板をはずしてあさって退院、雑誌読んでるレイコさんは外反母趾《がいはんぼし》の手術後三日め。ほかの四人も、みんなふつうには動けないけれど元気は余ってるわけ。だから、しじゅう面会ルームに顔を出してはおしゃべり。見舞いのひとが来たら『待ってました！』てなもんよ」

なるほど、おなじ安静にしていなければならない入院病棟でも、外科と内科とでは様子がおのずと違うわけなのだ。

「食事はどうなの」

「だからほら、食欲はあるわけよ。基本的になに食べてもいいの」

でも病院食には飽きちゃった。ヨシダさんが屈託なく笑う。

「ああよかった。きっとそうじゃないかなーと思って、これ」

紙袋のなかから私がいそいそ取りだしたのは——。

生ハム。ブルーチーズ。黒パン。フレッシュなオリーブ。玉ねぎのマリネ。

病院に来る前に、近くのデパートに寄って少しずつ買い集めたものだ。数日前に見舞いに行った知人から聞いていた。

「入院の期間は長引きそうだけれど、すごく元気だったよヨシダさん」。食いしんぼうだから病院の食事がそろそろつらくなってきたころでは、と踏んだ。お見舞いというより差し入れ。目先が変わって日持ちするものを見つくろったつもりである。

「わっ、なになに」

ええと、これは熟成の進んだ生ハムで、こっちの黒パンは酸味がきいていて……ひとつずつ包みを開けると、ヨシダさんが頬を紅潮させて、石膏固めの両足をぽんぽん叩く。

「こういうのが食べたかったっ」

趣味は晩酌という彼女のことだ、ワインが恋しくなったらごめん。でも、がらっと気分が変わるといいなと思ってさ。

「いますぐ食べていい。もうじきお昼だけれど、今日はパスしてこっち」

病室のロッカーから皿を一枚持ってきてあげて、生ハムや玉ねぎのマリネや、薄切りにした黒パンやオリーブを少しずつのせると、ヨシダさんは子どもみたいにわーいわーいと箸を握った。

たしかに内科病棟ではこうはいかない。というか、これはタブーでしょう。自分の見舞い相手がすっかり回復していても、隣のひとは食事制限中かもしれない。病院は、食べたくても食べられないひとがいるのがあたりまえの世界なのだ。いつだったか、肺炎で入院したひとが「あれはつらかったわ」と言っていた——カーテン一枚で仕切った大部屋で、隣の患者さんのお見舞いにコロッケが来たわけよ。揚げたてのいい匂《にお》いがぷーんとして、そうしたら急に里ごころがついちゃって公衆電話で実家の母の声聞いちゃったりして。

そんな話を思い出したら、急に不安になった。

「ねえ、大丈夫なの。ここでおおっぴらに食べてよかったの」

そうしたら、オリーブの種をぷっと出しながら陽気に笑って、「ぜーんぜん」と手を振った。

「あとで、みんなにもおすそわけしてあげる」

繰り返し何度も見舞い客に話して磨きがかかったとみえ、本人みずから披露する事故の顚末《てんまつ》は漫談の域に達していた。ナナハンのオートバイがトラックの手前五十センチでちゅるんと回転してコマ落しで滑ると、笑うところじゃないのにぷっと吹き出す。こっちがウケると、ヨシダさんの口調にはさらに熱が入るのだった。

すっかりおなかの皮がよじれて、病院の面会ルームにいることも半分忘れかけた。励ましに来たつもりが、楽しませてもらっちゃって。

「ねえ、なにかほしいものある」

「そうだなあ、あと二週間ここのお世話にならなくちゃいけないのよ。ミステリーの文庫本なんかうれしいなあ。ええとそれから、おすしが食べたい。握りじゃなくて、巻きずしが食べたい」――

合点承知！　ひょっこり、ふらりとまた来るね。

八月五日
銀座の興奮

チョウシ屋「コロッケサンド」

好きなものは最初に食べる？　それともだいじに残しておいて、あとで食べる？

そう聞かれたら、迷わずこう答える。

「もし残しておきたくても、途中でがまんできなくなる自信がある」

だから、おいしそうなもの満載の松花堂弁当や点心が運ばれてくると、欲望がぐるぐる渦巻く。まず酢のものとかお造りあたりから箸《はし》をつけ、順々に煮もの、焼きものと進んでいきたいわけだが、ふたを開けた瞬間、「うわ」。好物のうずらの丸《がん》とか鱒《ます》の粕漬《かすづけ》なんか発見すると、たまらない。箸の先が突進したがるのをなだめすかし、「まだ早い。がまんせい」と気をそらす。けれどもほどなく。

「ええい、かまわん。誰に遠慮することがあるか。好きなように食べるのだ」

ぎりぎりまで抑制をかけたのち、理性をかなぐり捨てて箸でとらえた鱒のひと切れのおいしさときたら。きゅうと身を捩《よじ》りたくなる瞬間だ。

がまんという負荷をかけたのち、ホースの元栓を一気にじゃーっと開くような解放感とでもいえばよいか。だから、好きなものはいっとう最初には食べない。「いまか、いまか」、途中でタイミングをはかりながら微妙なバイアスをかける歪んだ気分が、いい。

銀座「チョウシ屋」の軒先で熱々のコロッケサンドを手にしたときも、おなじ快楽に浸る。

「コロッケサンドください」

「はい、コロッケサンドですね」

「チョウシ屋」は歌舞伎座《かぶきざ》の裏手、東銀座の路地裏にある昔ながらの肉屋さん。「肉屋さんのコロッケ」をなんと贅沢《ぜいたく》なことに、店先でパンにはさんでサンドウィッチにつくってくれるのだからたまりませんよ。コロッケサンド二百五十円。メンチカツサンド二百六十円、豚カツサンド三百五十円。今日はコロッケサンドでいく。

たぷたぷ滾《たぎ》る油のなかにコロッケを滑りこませて、白い帽子のおにいさんがいってらっしゃいと送り出すと、じゅわじゅわじゅわあっ。パン粉をたっぷりまとった白いコロッケが無数の気泡を放つ。たちまち東銀座の風に混じる香ばしいきつね色の匂《にお》い。

ごくり。

目がくぎづけになる。

ごくり。

もうじきコロッケはふわりと浮き上がってくるはずだ。

揚げる手もとに視線を吸い寄せられながら、すでにこの待ち時間から身もだえはスタートしており、そんな自分を持てあまして店の外を見やるふりをしてみたりもする。自分を余裕しゃくしゃくの方向にもっていこうとするのだが、ほんとうはようくわかっている。食欲の琴線がぷるぷる震えている。

けれども、ことは着々と進んでゆく。いつも通りコロッケはさっくりと揚がり、おばさんが馴《な》れた手つきで食パンの片面に手早く辛子を塗り、自家製のソース（おいしいんだ、これが）をささっとかけ、もう一枚の食パンでふたをする。もこっと豊かにふくれたそれをまな板のうえに置き直し、五本の指で軽く押さえてから包丁をすかさず一気に当てて降ろすのだ。

しゃくっ。

つんつん尖がったパン粉が二枚のパンの間でいっせいに反応した音に、がまんがぶち切れる。こうして半分に切られた揚げたてコロッケサンドは、いつもの愛らしい水色の紙に手早くくるまれ、そして！

ぱちん。

仕上げに輪ゴム一本、掛け渡した音のなんと男前な乾きよう。

こうしてついに自分の手もとに渡ってきたコロッケサンドだ、冷静でいられるわけがない。

ビニール袋をぶら下げて路地裏を歩きはじめるのだが、いてもたってもいられない。待てない。たったいま、齧《かじ》りつきたい――。

東銀座から東京駅まで必死でがまんしたのに、ついに挫《ざ》折《せつ》したこともある。東銀座の裏手のちいさな公園に駆けこんで、ベンチに座ってほおばったこともある。中央線に乗って西荻窪駅に着くまで三十分、膝《ひざ》のうえから香るコロッケサンドのぬくもりと匂いにくらくらになりながら耐え、西荻に着いたら、へとへとになっていたこともある。そんな罪ぶかいおいしさ、それが「チョウシ屋」のコロッケサンドである（メンチカツサンドも、もちろん）。

さらにいえば、かぶりつくときも煩悩《ぼんのう》にまみれる。行儀よくはじっこから順番に攻めていけばいいものを、揚げたての熱々がおさまったどまんなかにいってしまいたい。いっとう最初にコロッケのいちばんおいしいところに食らいつきたい。私にサンドウィッチをまんなかからかぶりつかせるのは、この熱いサンドウィッチだけである。胸中千々に乱れさせる、いけない味。だからこそ、不意にぽんっと浮上する。夕方のおやつに差し上げようかしら。銀座からの帰り道、あとで寄る仕事先の差し入れ用に買ってみたのだけれど、地下鉄ひと駅、着くまで袋を開けないがまんができるのか。自分とのたたかいである。

九月十日

ひとときの夢

ジャン=ポール・エヴァン「マカロン」

ひとづてに「そろそろ落ち着いてきたから、子どもの顔でも見がてら遊びにきてほしいな」と伝言が回ってきた。彼女は新米母さんになって半年である。そうか、そろそろ余裕が出てきたんだと思ったらこちらもうれしくなり、じゃあいっしょに行こうよとみんなで盛り上がった。

ちょっと遠慮していた。思いのほかお産がたいへんだったから、産後二ヶ月ほど実家のお母さんが泊りこみで世話をしていたこと。初めての子育ての忙しさに面食らっていること。風の便りにときおり小耳にはさんでいたから、遊びに行くのはもう少し落ち着いてからがいい。では、いつごろがいいかしら。「もう」なのか、「まだ」なのか、頃合いがいまひとつつかめずにいた。だから、本人から「来てね」と声をかけてもらってありがたかった。

はて、なにを携えていこうかな。

遊びに行く三人でいっしょに花を。ほかに、おのおの好きなものを。そういう相談がまとまったら、急に頭のなかが忙しい。

まず最初にかんがえたのは、白いTシャツだ。何枚あってもじゃまにならないプレーンな、でも胸もとのラインのきれいな今年らしいカットのTシャツ。きっと自分のものを買いに行く時間もないにちがいないから。

私が新米母さんだったおなじ時期のことを思い出すと、はるか昔のことだというのに、目まいに襲われるような息苦しさを覚える。なにしろ、ああやっと眠ってくれたとひと息ついたら、三時間置きにきっちり起きる。さあそれからは、抱っこしたりあやしたりおっぱいをあげたり、座るひまなんかどこにもありゃしない。それはつまり、まとまった自分の時間がないということだ。毎日毎日目の前のことを片づけているだけで、一日がいつのまにか終わってしまう。自分の着ているものなんか二のつぎ、どうでもよくなる。だから新しいTシャツ一枚、とてもよろこんでもらえそうな気がしたのだ。

それとも、着心地のいいキャミソールはどうだろう。たとえば「HANRO」あたりのとびきり肌触りのいいシンプルなコットンのキャミソール。キャミソールなら何枚あってもじゃまにならない。Tシャツとキャミソール、どっちがいいかな。

ああだこうだ迷ううち、ふと閃《ひらめ》くものがあった。

マカロンはどうだろう。ころんとかわいいマカロン。十六世紀にカトリーヌ・ド・メディシスがアンリ二世のもとにお輿《こし》入れしたときに伝えたといわれるあのフランスのお菓子、マカロン。

マカロンを口に入れると、なぜかしら、いつもたのしい気分になる。何百年も伝統のあるお菓子だというのに、どこかユーモアがあって、ちょっと間が抜けていてかわいらしい。そのうえふわあっと頼りない嚙《か》み心地で、正体があるような、ないような。けれども、ひとつぶ食べればほんのりしあわせになる。ふたつぶ食べれば、みしっと満足を味わう。プレーンなTシャツも肌触りのいいキャミソールもいいけれど、マカロンのことをいったん思い浮かべたら、今度はそれが急に現実的な気もしてきた。来る日も来る日もあわただしい時間に追われている彼女に、いっときなごんでもらえたら——そう思うと、だんだん「マカロンしかない」。

マカロンは、パリのお菓子屋に行けばどこにも必ずいろんな種類が並んでいる。オレンジ。ピンク。ライトブルー。マスタードイエロー。ベージュ……色もいろいろ。ことに淡い色のマカロンを何個か組み合わせれば、もうそれだけでふわふわ夢のなかに浮かんでいるような風景が現われる。

不思議なお菓子なのだ、マカロンは。たとえむっつり機嫌の悪いときでも、「ほら」

とマカロンひとつぶつまめば、刺さっていたとげの一本や二本溶かしてしまう。疲労の芯《しん》をほぐしてくれる。だからこそマカロンは時代を超えてフランスの老若男女に愛され続けてきたのだ。

だから、新米母さんにもマカロン。それも、とびきりおいしいの。最近は日本でもあちこちのパティシエでマカロンを手がけるようになってきたから、それぞれいろんな店の味がある。顔つきもばらばら。表面がつるんとすべすべしたもの、ざらっとしたもの、平たいの、ぷくっとおおきくふくらんだの、ぐっと甘さを抑えた味もあるから、自分の好みのマカロンを見つけるのもたのしい。どのマカロンを選ぶか、さあ思案のしどころだ。

一週間が過ぎた。彼女のうちへ行く途中、いったん地下鉄の新宿三丁目駅で降りて寄ったのは「ジャン＝ポール・エヴァン」。常に室温を一八度に保っているという店内の扉を押すと、ひんやり心地いい空気がからだを包む。ここのマカロンはショコラの風味で、しかもひとつひとつ、フルーツやスパイスで微妙に香りや味わいをちがえている。つまり、ぐっとおとなの味。

ショコラ風味のマカロンに決めたのは、ふと思い出した話があったからだ。彼女が出産休暇に入ったとき、「子どもが生まれたらそうそう外出できなくなるから」と、わざわざ銀座だったか、気に入りのショコラティエにショコラ・ショを飲みに行ったと話していたのを覚えていた。

マカロン。ショコラ。「ジャン＝ポール・エヴァン」。きっとよろこんでくれる。そしてわたしは、自分のためにもふたつぶ買ってふたたび地下鉄に乗りこんだ。バッグには、ここのショコラにぴたりと合う紅茶「レディグレイ」のティーバッグ六袋も入っている。

マカロンとおいしい紅茶でのんびり夢を見てね。それが昼間でも夜更《よふ》けでも、ここではないどこか、べつの世界に連れていってくれる。

九月二十三日

ぷにぷに

大黒屋鎌餅本舗「鎌餅」

タマちゃんは信号無視が得意である。いや、無視をする断固とした姿勢があるわけではない。たんに、じいっと待っていられない。ただ突っ立って待っていると、十秒も過ぎないうち足のひざのあたりがむず痒《がゆ》くなってくる。

「銀座なんか最悪よ。四丁目の交差点なら交通量が多すぎてがまんもきくけれど、六、七歩で渡り切れる細い道にもごていねいに信号がついてるのよ。車なんかぜんぜん来ていないのに、みんなおとなしく待っていられるのがふしぎ」

同感だよタマちゃん。道の向う側まで自転車でたったひと漕《こ》ぎ、車も通っていないのに、運悪く赤信号に変わったときなど、首のうしろがちりちり疼《うず》く。だから、香港とかベトナムとか、誰も信号なんか守らない国を歩いていると気分がいい。ふたりで口を揃《そろ》えた。自分の身の安全は自分の責任で守るってとこが、すっきりわかりやすくていいよね。

「まあようするに、短気なだけなんだけどさ」

言ってからタマちゃんがおおきく伸びをして、「あーあ」。妙に長い息を吐く。おしまいの「あ」のところに、自嘲《じちょう》の気味があった。

「どしたの。浮かないことでもあるの」

するとタマちゃんは化粧っ気はないけれど見惚れるくらい長いまつげをちょっとだけ伏せ、ショートカットの髪に手を差し入れて二度、うしろに梳《す》いた。

「うーん」

「だからどしたの」

「うーん。それがさ」

あたしにしては珍しく石橋を叩《たた》いちゃってるもんだから、とタマちゃん。おもわせぶりな物言いが続くから、ついひざを乗り出した。

「コーヒー、もう一杯淹《い》れようか？」

話はこうである。

ずっと憎からず思っていたひとがいて、そのひととガラス作家のともだちの個展の会場で偶然会い、おまけに共通の知合いがいたから話が弾んで、帰りにみんなで飲みに行った。酒に背中を押してもらって一気に距離が縮まり、車の輸入業をしているのに乗っているのは排気量が七〇〇以下の「スマート」だとか、定期的に山椒《さんしょう》のきいた麻婆豆腐《マーボー》を食べないと調子がでないとか、長年のひとり暮らしで洗濯が気晴しだとか、あれこれ細かい情報を仕入れた。なかでも、干しいもが好物だというのは聞き捨てならなかった。なにしろちょうど手もとに茨城の実家の隣のミヤモトさんがこしらえるとびきりおいしい干しいもがあったから、その一週間後に干しいもをどっさり入れた箱を送ってみた。

するとそのあと干しいものお礼にチョコレートが送られてきた。そうしてこんどはお米五キロを送ったというのである。

「ちょ、ちょっと待ってよタマちゃん。ずっと憧《あこが》れてた、つまり好きなひとに最初に送ったのが、干しいも。そのつぎが、お米。どまんなかの直球だねえ」

「だって、すっごく高級なチョコレートだったから、なにかまた送りたいなと思ったわけよ。そうしたらこれがちょうど新米の時期で」

ときたら、わが実家で丹精したお米以外にないっしょ。タマちゃんの言いぶんはもちろん正しいわけだが、さて困った。干しいも、米五キロ、そのつぎってなんなの？

なんなの、と顔をのぞきこまれてぐっと詰まる。そのひとは、干しいもを齧《かじ》り、もらった米を炊《た》いて暮らしているのだ。タマちゃん本人が思っているよりもずっと、タマちゃんの存在は根をおろしているのではないか。

「そんなことないわよ、かんがえすぎよ。いやね、じつはあさって京都に出張するから、なにか買ってきて渡そうと思うの。じつは週末に会おうって誘われていて」

それを早く言ってよ。毎年誕生日が来るたび、ああたしこのままずっとひとりかもと言い続けてきたタマちゃんひさびさの春となれば、こちらにも緊張が走る。

そうだ、「大黒屋鎌餅」の鎌餅なんかどう。その日のつくりたて、たぷたぷの細長いお餅。あんまりやわらかいから、さわらの経木で一本一本、丁寧にくるっと包んである。あのとくべつなむにむに、ぷにぷに、そこに指先が触れると、私はどきっとする。それを渡したタマちゃんのことだって、きっと忘れられなくなるにちがいない。

鎌餅を指でつまむと、いつも思う。自分の指の腹はこんなに硬かったか。こんなに野蛮だったか。だって、指のあいだのやわやわは、気を失いかけた姫君がしなだれかかる、そんな風情《ふぜい》なのだもの。透き通った内側からは、こなしあんの黒がうっすら浮かび上がる。用心深く口に運ぶと、歯がお餅の肌にきゅーっと食いこむ。ぷにぷに、むにむに、やわやわ、あんのこくがすべてを包みこむ。なのに、食べ心地がかろやかだから、また一本……。

「大黒屋」のたたずまいが思いだされた。向いの寺の静けさ、おおきく開かれた昔ながらのガラスの引き戸、歳月をかけて住みこなされた木造の家屋の落着き、寺町の通りの空気が親しく流れる。私も久しぶりに暖簾《のれん》をくぐってみたい。

タマちゃん、豊穣《ほうじょう》の秋のしるしをどうぞ。京都のひとは、お祝いごと、おめでたいときのお遣いものにも、このぷにぷにのお菓子を遣う。

十月二日

秋のはじまり

すや「栗きんとん」

「じつは、こないだね」

肩を並べて横断歩道を渡りながら、年下のともだちが話を変えた。

「こないだ目上の方のお宅に仕事のお礼のご挨拶《あいさつ》に行くことになったの。手ぶらではうかがえないし、さあどうしよう。ない知恵を必死で絞ったわけですよ」

その声の調子に、微妙な響きが混じっている。

「あら、それで」

少し歩調がゆるくなる。

「かんがえにかんがえて、最近すごい人気のフランスのお菓子専門の高級店まで買いに出かけたんです。わざわざ午前中に、地下鉄に乗り継いで」

なるほど、その店の名前を聞けば、私だってちょっと興奮する。

「そうですよね。食べたいですよね。私も食べてみたかった」

あれあれ、なんだか声がちいさくなってるよ。

「お宅にうかがって、『とってもおいしいつくりたてのケーキ、ついさきほど買ってまいりました』とちからを入れて挨拶したら、『まあうれしい』。おおよろこびで受け取ってくださったんですが、ケーキは奥に引っこんだまま、二度と合えませんでした」

つまり、玉砕した。

「——おもたせのつもりだったんです」

訪問先はご夫婦ふたり暮らしだし、ちょうどお茶の時間だし、すっかり「おもたせ」の気分で多めに注文したケーキなのだった。

「でもね、その場で開けてくださると期待した〝私にブーイング〟ですよね。ショーケースから選ぶときからして、『ええと私はこれ』なんて勝手に決めちゃって、あーハズカシイ」

バツが悪そうに苦笑い、でも、その横顔にはくやしさのかけらもいっしょにくっついていた。

いや、よくわかる。差し上げたほうにとってはおもたせのつもりでも、あちらにしてみれば「いただきもの」。ずれたそのあいだには、深くて広い河が流れている。

「ね。そういうときってありませんか」

うん。意外にあるのよそれがね。

「どうすりゃいいんですかね」

駅までの一本道、うーんそれはかなりむずかしい質問だ。

「これ、おもたせです」とは、そりゃあ自分から言い出すわけにはいかない。「おもたせ」は相手のほうの言葉だ。

(包みを開けていっしょにいただきますけれど、わざわざお持ちいただくかっこうになってしまってすみません)

つまり、渡された側のすまない気持ちが先だって言わせる言葉。だから、持っていった自分みずから「おもたせです」と言うのは、たとえばこんな感じ?

(気を利《き》かせて持ってきてあげたわよ)

「こちらに〝いっしょに食べましょう〟という気持ちがあるときだってありますよね。その場合はいったい」

話はどんどんやっかいな方向へ進む。

親しい間柄なら、話は早い。単刀直入に「おいしそうだから買ってきた。いっしょに食べない?」とかなんとか。面倒なのは、そんなふうにざっくばらんに言えない場合、つまり目上のひとだったり親しい相手ではなかったり。これはもう相手にすべてをゆだねるほかない。自分ではおもたせのつもりでも、「この場で開けてください」とは、まさか。

「だからよけい、『ごいっしょにどうぞ』と言ってくださると、うれしいですよねえ。いま熱いお茶を淹《い》れますねなんて言われたら、内心バンザーイ」

「でもね、相手の目の前で包みを開けるのはかえって失礼だというかんがえのひともあるからさ。いちがいにどっちが正しいとはいえないわよ」

私もおなじ思いをしたことがあった。

秋は岐阜・中津川「すや」の栗きんとんではじまる。ていねいにつぶした栗に合わせるのは砂糖だけ、白い布巾でおばちゃんたちがひとつずつきゅっとひねってつくる「すや」の素朴な滋味ときたら、まるで秋の宝石のようだ。口に含めばほろっと崩れ、味わい深い栗の香りと風味がじゅんじゅんと広がる。そのとびきりの秋の味を勝手におもたせのつもりで持参したら、けっこうな長居になってしまったのに、テーブルのかたすみにぽんと置かれたままで、それが放っておかれた風景に映ってしまい、うっすらさみしかったのだ。

でもね、と思い直す。いったん手渡したら、相手のもの。そこから先によけいなことを期待するのは、お門違いだ。でも——。「いっしょにいかが」と声がかかったら、それはそれでぐっときます。

十月六日
あこがれの一本

しろたえ「レアチーズケーキ」

「ちょっとすみません」

銀座六丁目の角で、傘をさした二十代半ばの男の子に呼び止められた。霧雨が降っている。でも、あいにく傘を持ち合わせていなくて、地下鉄を出てからビルの軒先をつたって早足で歩いていた。

「あのう、ブランド通り、ってどっちですか」

ブランド通り、ってなんだっけ。不意を突かれてどぎまぎ、街頭でうろたえるのだが、彼はあくまで返事を待っている。こっちは濡《ぬ》れたままなのだが、それより聞き慣れない「ブランド通り」に動揺してしまった。めまぐるしく頭を働かせて、「あ」と思い当たった。

「それ、並木通りのことですか」

「ああそうとも言うらしいっすね、それそれ」

正体がつかめてほっとしたら、こんどは雨が気にかかり、とたんに早口になる。じゃあの大通りをまず渡ってまっすぐ進んで一本めの筋。街頭に「ＮＡＭＩＫＩ　ＤＯＲＩ」って表示も出ているから、すぐわかると思います。

あ、どうも。傘ごとくるりと背中が翻《ひるがえ》った。ふうん、今日び「ブランド通り」っていうのか並木通りは。

さて、こちらは赤坂・一ツ木通り。もとをたどれば赤坂一ツ木にＴＢＳが昭和三十年に開局し、そののち昭和四十六年、明治期から続いてきた商店組織「共商会」が「赤坂一ツ木通り商店街振興組合」と名前を変えたそうな。以来、親しまれてきた通りである。私にとってそもそも一ツ木通りは、つまり「しろたえ」の通りなのだった。「しろたえ」を知ったのは一九七六年のことで、それは「しろたえ」開店の年でもある。「一ツ木通りにおいしいケーキの店ができた」。小耳にはさんで出かけていき、迷わず買ったのがレアチーズケーキなのだった。

ひとくち味わうと、いつだって目を閉じてしまう。ねっとりみっちり濃厚で、そこにクリームチーズの重厚感とレモンの酸味の軽さがもつれる。誰も知らないところでひとりこっそり味わいたい。そんなおいしさなのだ。

だからときどき好きな子をいじめる男の子の気分になる。

「あの石鹸《せっけん》みたいなレアチーズケーキ」

誰かが、「赤坂の『しろたえ』のレアチーズケーキ、あれはおいしいねえ」などと口にしようものなら、それがうれしくて、でもちょっとくやしくて、揶揄《やゆ》してみたくなるのだ。

雪のようにまっ白な平面に、ピスタチオの緑一点。土台はビスケット生地。幅二センチにも満たないちいさなひと切れである。けれどもそれは、ナイフでカットしたものので、ショーケースにはカットする前のまるごと一本も置いてある。私は、まだ一度もその細長いまるごとを自分のために買ったことがない。一九七六年からもうずっと、あこがれの赤坂の一本なのである。

十月七日

包装紙に見惚《みほ》れる

竹むら「揚げまんじゅう」

とても好きな話がある。

夫の転勤で、日本人の主婦が初めてドイツに住むことになった。挨拶《あいさつ》がてら地元の家庭に日本のものを差し上げた、その包みは日本橋のデパートのバラの包装紙である。数年が過ぎ、すっかりドイツでの暮らしにも慣れた頃のことだ。親しいドイツ人のともだちからいただきものをした。驚いたことにその包みは、数年まえ自分が日本から持参したあのときのバラの包装紙なのだった。

紙のあちこちにテープを貼《は》ったり、剝《は》がしたりした痕跡《こんせき》がいくつも見てとれる。黄色く変色したテープのあともある。つまり、バラの包装紙はほうぼうのドイツの家庭でだいじに使われ続け、めぐりめぐって再び最初の自分の手もとに戻ってきたというわけだ。

いかにもドイツらしい質実剛健を地でゆく話だが、しかし、それだけですませてしまいたくない。見知らぬ国のバラの包装紙をドイツの婦人たちが美しいと感じ、だからこそたいせつに扱い、自分が味わったその気持ちを誰かにも伝えたくて、アイロンで皺《しわ》を伸ばしたりテープをそろりそろり注意深く剝がしたり、たいせつに扱ったそのことに感じ入るのだ。そして、ものを贈るときの気持ちは国や文化を超えるということにも勇気づけられる。

「お」

思わずどっきりさせてくれる包装紙が好きだ。洒落《しゃれ》ているとか派手で目を引くとか、そういうことではない。もっさりしていても、かまわない。なんといえばよいのだろう、気が引かれる包装紙には共通する味がある。紙の風合い、模様の意匠、店の名前や住所の字体、色の使いかた。さらには紐《ひも》の太さ細さ、色合い、掛けかた。店の流儀が漂う包装紙は、世界にふたつとないユニークなオリジナルデザインといえるだろう。

そんな包みを目にすると、ほかの誰かにも教えたくなる。

(すてきでしょう)

包みを手渡しながら場所の空気もいっしょに手渡す、そのよろこびがある。

(ほらここ、この店なのよ)

手を引いて道案内しながら店先まで連れていってあげている、そんな感じ。

「竹むら」の揚げまんじゅうもそのひとつである。さんざん神保町を歩き回ったあと、てくてく散歩しながら須田町まで足をのばす。お目当ては、夏はあんみつかところてん、秋冬ならやっぱり粟《あわ》ぜんざい。

がらがらー。引き戸を開けて暖簾《のれん》をくぐり、空いた席に腰を下ろす。とん、と卓に熱いお茶が置かれる。

「粟ぜんざい、ください」

　運ばれてくるのをおとなしく待ちながら、さんざん歩き回った足のふくらはぎに手を伸ばし、こっそり揉《も》みほぐしてみたりする。

「揚げまんじゅう八個、お遣いものに包んでくれる」

　戸を開けて入ってきた背広すがたの恰幅《かっぷく》のよい男性が帳場にまっすぐ進んで、注文している。このあと取引先に廻るのだろう。注文の調子が慣れているから、きっとこの界隈《かいわい》に勤めているひとなのだろう。取引先に「竹むら」の揚げまんじゅうなら間違いがない。声にそんな確信がある。

　さくっと揚がった生地のなかに、たっぷりのこしあん。おおぶりの、ふっくらさらりと揚がった熱々の生地。香ばしいごま油の香り。こんなうれしい包みを受け取ったら、たちまち仕事そっちのけだ。

「毎度ありがとうございます」

「ハイどうもね」

お勘定をすませた手に、ほかほかの揚げまんじゅうが入った紙袋が渡った。私の席を通り過ぎてゆくとき、ほわあっとごま油の香り。

ぶら下げた白地の紙袋には、美しい緑の葉っぱ模様。くるくるいくつもの細い輪っかが躍っている。なかにずっしりとおさまっているのは、笹の葉模様の紙包みだ。すぐに思い出せる――笹の葉は鶯色《うぐいすいろ》、すーっ、しゃっしゃっと伸びた筆の勢いがすがすがしい。そこに濃い緑の紐がきゅっと掛け渡してあり、十字の中心できゅっとひねった結び目が小粋《こいき》な様子。さあ紙包みを解くとあらわれるのは麻の葉柄の厚手の紙箱だ。箱の中央に貼りつけた紙には「揚まんぢゅう　須田町　おしるこ　竹むら」の文字。

紙袋。紙包み。紙箱。どれもが「竹むら」そのもので、ぱちりと決まった往年の名芝居の場面を見せてもらっているような決まりよう。店の佇《たたず》まいや味と寸分のずれもないところが、なんともかっこいい。「須田町　おしるこ　竹むら」、昭和五年創業の甘味処ここにあり。

最後のひとくち、粟ぜんざいの椀《わん》が掌《てのひら》のなかでぬくい。私も、帰りに揚げまんじゅうの包みをぶら下げて帰ろう。

十月十五日
お返しは苦手

儀間武子製「みそピー」

「お返し」という言葉がちょっと苦手である。そもそも「お返し」という言葉のなかには、相手にぴしゃりと切り返すような響きがあって、せちがらいかんじ。「これで貸し借りなしですよ」「とりあえず礼は尽くしたぞ」

なにかいただきものをしたら、つぎの瞬間「お返ししなきゃ」。あせるひとがいる。まずはお返ししておかないと、負債を抱えたようで不安なのだ。でもね。どちらさまにもご機嫌伺いしていたら息が切れる。助けたり助けられたり、迷惑かけたりかけられたり、貸したり貸してもらったり、それでよしとしなければ。世間はその繰り返しで成り立っている、たぶん。いただきものは、いってみれば世間のまわりもの。勢いこんであせらなくとも、こちらだっていつか差し上げる側にまわるときがある。

いっぽう、もらい上手だなあ、と思うひとがいる。おずおずと、または自慢げに包みなど差し出すと、「わあ、ありがとう！　なあになあに」。むじゃきに目を輝かせて相好を崩してくれるので、こちらはとたんにうれしくなるし、差し上げたことに負担を感じさせない。

「とはいうけれど、もらいっぱなし、助けられっぱなしは、やっぱりちょっと」——それもそうだから、「お返し」はいつなにをいただいたか、差し上げたか、そのあたりの記憶さえ曖昧《あいまい》になっているくらいがちょうどいい。

いただきものはなぜか重なる。初夏のある日、朝から二度、玄関がピンポンピンポン鳴った。北海道からアスパラガス、能登からさざえ。それぞれどかんと箱詰め、どっちもおいしいうちにいただきたい。そこで、「ソレ」とばかりふたつを組み合わせて地元の馴染《なじ》みの総菜屋のご主人におすそわけをした。

「うお、すごいっすねえ。いいんですかあ、こんな豪華詰合せセット。贅沢《ぜいたく》だなあ。でもウチみんな食いしん坊だから、ぺろっと平らげちゃいますよ」

軽くなった自転車を漕《こ》いで帰りながら、思わず頬がゆるんだ。今夜はあそこんち、みんなにっこにこだなあ。

そのあと買物に行っても、まるきりいつも通り。気を回したサービスもよけいなおまけもなし、なんにも変わらないのが逆に気持ちいい。あれは年末にさしかかったころだ。帰りに煮豆とコロッケを買ったら、「ちょっと裏口へ回ってもらっていい?」。

「あのさ、長野の親戚《しんせき》がちょうど送ってきたのよ。このりんご、うまいんだ。食べてよ」

なんでまた、と訝《いぶか》しんだのち、思い当たった。もしかしたら半年前のあのときの――。

さて、手もとに沖縄から取り寄せた「みそピー」が五袋ある。もともと、誰かに差し上げるつもりでよぶんに注文した。ぷっくりふくらんだおおつぶの沖縄のピーナッツ、ひとつぶひとつぶ味噌《みそ》と砂糖をからめた「みそピー」は沖縄名物のお菓子だけれど、なかでもこれはとびきりの味。そんじょそこらの「みそピー」とは一線を画する。最初は沖縄のひとに「うちの家宝の『みそピー』、教えてあげる」と、いただいたものだ。それから五年、すっかりやみつきになってときおり取り寄せる。

さて、誰に差し上げよう。沖縄が好きなひとは……と顔を思い浮かべて、あ、そうだ。八重山諸島に旅をしたお土産に瓶詰めのスクガラスをくださったひとがいたっけ。彼女にどうかしら。

十月二十四日
ずっしりキムチ

韓国広場「白菜キムチ」「水キムチ」

「いま新宿の『韓国広場』に来てるんだけれど、白菜キムチ買っていってあげようか」

　携帯電話で連絡すると、ナミちゃんはちょうどアスレチックジムから出てきたところだった。今日は二キロ走ったあとマシーンを三つこなして、そのあとサウナに入って出てきたばかり、と息が弾んでいる。

「ありがとう。うちから新宿は遠くて、わざわざ行けないからさ」

　ナミちゃんは北千住に住んでいて、その北千住に今日私が用があって寄るので駅前でお茶でも飲もうという約束をしていたのだった。

「悪いわね。荷物になるわね。じゃまじゃないの」

「ううんぜんぜん。いま手ぶらだし、あとは電車に乗るだけだもの」

　私はといえば、むしょうにえごまの葉が食べたくなって、ここでたっぷり安く買えるからやって来た。新宿は通い馴《な》れた街とはいえ、わざわざ寄ったことにはちがいない。えごまの葉っぱ三袋買って、自分の用だけすませてあっさり出るのはちょっともったいない気持ちがしたのである。

やったうれしい、と電話の向うではしゃいでいるナミちゃんの声を聞いたら、がぜん張り切った。さあ買うぞ、白菜キムチ。

まっ赤に漬かった白菜キムチが一株まるごと、ビニール袋にぱんぱんに詰まって業務用冷蔵庫にびっしり並んでいる。これで千八百円は安い。買うたびにいつも思う。なにしろ、この先しばらくいろんな料理をたっぷり味わえるのだもの。

白菜キムチはどっさり買うにかぎる。はぎれみたいに切り刻んだのをちまちま買うのは、かえってもったいないし高くつく。そのうえ「熟成させる」という余禄がつく。だから白菜キムチを買うとなれば、たっぷり量が買えるこの店に来るのが長年の習慣なのだ。

買ってくると、そのままステンレスの保存容器に移して冷蔵庫に入れる。食べるときは、さっと洗って水気を拭いたキッチンばさみで好きなぶんだけちょきんと切る。いちいち全部を取りだしてまな板のうえにのせていたら、ヤンニョムがむだに滴《したた》ってしまうし、逆に不衛生になる。毎日乳酸発酵を進めている白菜キムチは、だいじに扱いながら育ててあげなくては。

四、五日そのまま味わうと、少しずつ酸味が増してくる。乳酸発酵を繰り返して熟成が深まるにつれ、白菜キムチは複雑なうまみに変化していくのだ。あともう少し。もうちょっと。冷蔵庫のなかのキムチを、応援するような気持ちになってがまんする。たっぷり半月が過ぎたころ、さあいよいよだ。

まずは白菜キムチと豚肉炒《いた》めもの、キムチポックムだ。漬け始めのキムチと、たっぷり熟成の進んだキムチでつくる味をくらべてみれば、そのおいしさはまるで別もの。漬け始めは、いってみれば青二才である。ところが熟成させたキムチは、ぎゅうっと嚙《か》みしめれば、こまかい網の目のように酸味や辛さが白菜の甘みといっしょに絡《から》まり合ってほとばしる。厚切りの豚ばら肉と互角、いやそれ以上の役者ぶり。

おたのしみはもっとある。一ヶ月以上寝かせてすっかり酸味とこくがまろやかになれば、いよいよ待望のキムチチゲ。煮干しでとった濃いだしに刻んだ納豆や粉唐辛子をたっぷり入れ、白菜キムチや豚肉、ねぎ、豆腐、ズッキーニ、えのきやしいたけを加えて、ぐつぐつ、ぐつぐつ。煮こむうちに白菜キムチから、いいだしがたっぷり出てくる。熟成した白菜キムチはとびきりの調味料でもある。

こうして、白菜キムチ一キロをたっぷり一ヶ月も二ヶ月もかけ、あたかも骨までしゃぶりつくすような周到さで葉先から芯《しん》までじっくり味わい尽くす。この贅沢《ぜいたく》さは、冷蔵庫のなかにどっさり白菜キムチが眠っていればこそ。だからわざわざ「韓国広場」にいそいそ通い続けてきた。そんなたのしみを、キムチ好きのナミちゃんにも。

十月三十一日

神保町の洋菓子

柏水堂「フィグケーキ」

手土産は消えものがいい。差し入れ、お中元お歳暮、そのうち消えてなくなるもの。つまり、食べられるもののこと。そもそも舞台や映画、テレビなどの撮影現場で使われる符丁で、用意した食べものは演技をしながらなくなってしまうから「消えもの」という言いかたが生まれた。いってみれば特殊な言葉なのだが、それがいつからか一般でも使われるようになった。

三味線のお師匠さんと連れだって、デパートに入ったときのこと。新内を聴きに行く会があり、その前におなじ沿線に住んでいる私たちふたりが待ち合わせて、差し入れを買っていく約束になっていたのである。

「消えものはさ、なんといってもさっさとなくなってくれるからね」新内の会なのだから、気分はやっぱり和菓子。だったら上生菓子かしら、それとも手のかからないあられ、それとも——。思案しいしい地下の出店を品定めしながら歩いていたら、お師匠さんがガラスケースに並んでいる羊羹《ようかん》を眺めながら言った。

「さっさとなくなってくれるものは、どっちの負担も少なくて気がらくね。いただきものがいつまでもぐずぐず目の前にあると、存外うっとうしいものだから」

さすがたくさんのお弟子をかかえるお師匠さんだと唸った。

よかれと思ったものでも、ものによっては、または量によっては、いただいた側の負担になることがある。引揚げどきがたいせつなのだろう。いつまでも居座らないでタイミングよく早めに消えるのが粋なのよ。そこんとこを承知していれば、品選びだっておのずと決まってくる。つまらない見栄《みえ》を張っちゃって、おおきいものとか嵩《かさ》のあるものとか、そういうのはちょっと……言葉の奥にあるのは、きっとそんなことだったのだろう。
十七、八年過ぎているのに、あのときのちゃきちゃきっとした口ぶりから下駄《げた》の鼻緒の藍色《あいいろ》まで、ようく覚えている。芝居の科白《せりふ》みたいにちゃっきりしたもの言いも。
ひとくちに「消えものがいちばん」と言っても、いろいろあるんだな。いくらとびきりおいしくたって、ひとり暮らしのひとに上生菓子の箱詰めは、ないものね。

(だって、ちいさな折じゃあけちったみたいでかっこうがつかないもん)

でも、想像してみればわかる。自分ひとりのところにたった一日の賞味期限の上生菓子が箱にぎっしり、渡されたとしたら。「本日中にお召し上がりください」のシールがうらめしい。お師匠さんも言っていた。

「だからさ、パッと消えちゃって名残り惜しいくらいがちょうどいいのよ」

さて、お茶の水「グリューネ　アレー通り」の「柏水堂」は、神保町に行くたびに寄る店のひとつだ。ちょっとレトロな店の奥の席に座ってコーヒーとケーキでひと休みすると、ほっとして落ち着く。ショーケースのなかには、おなじみのプードルケーキも並んでいる。その名前の通りキュートなプードルのすがたは学生のときからすっかり見慣れているのだが、かわいそうな気持ちになるので、どうにも食べられないのです。このさきも、結局ずっと食べられないような気がする。

「柏水堂」での目当てのひとつはフィグケーキ、つまりいちじく入りの焼き菓子だ。帰りにフィグケーキを家族の人数ぶん三つ、袋に入れてもらってバッグにしのばせて帰る。これが「柏水堂」帰りの決りになって久しい。ところが、今日はちがう事情があった。このあと知りあいの事務所に寄って、古い写真集を見せてもらう約束がある。ずっしり三キロ近くある大判の写真集で、持ち運ぶわけにいかないから、おじゃまずることにしたのだ。スタッフ四人、一瞬かんがえて、八個を包んでもらった。

十一月四日

イギリスのビスケット

紀ノ国屋インターナショナル「DUCHY ORIGINALS」

タエちゃんは三人の子持ちである。上は小学二年のサッカー少年で、その下は五歳の双子の男の子だ。「ああもういやんなっちゃう、うるさくて」が口ぐせだ。けれども、冬でも半袖《はんそで》のTシャツから伸びた二の腕は筋肉質だし、洗濯物ひとつ取りこむときも身動きはテニスコートでラケットを振っているようだから、眺めているだけですかっとする。なかなかかっこいい肝っ玉母さんぶりなのだタエちゃんは。

なのに、遊びに行くときはちょっとだけ緊張する。子どもたちになにか買っていってあげたい、その品選びにおおいに悩む。

「なに言ってんの、うちなんか三人どすどす駆け回ってるだけなんだもの、気にしないでよ。だいいち、味なんかわかりゃしないんだから」

どんなものよろこぶの。男の子はなにを買っていったらよろこぶの。電話のついでに聞いてみたことがある。そうしたら肝っ玉母さんは一笑に付してふかしたさつまいもでも口につっこんでおけばいいと取り合わないのだが、私は知っている。サッカー少年は赤ちゃんのときひどいアトピーで、体質改善のために毎食ごと、ずいぶん神経をつかってごはんをこしらえていた。おやつだって、それまでお菓子なんかつくったこともないのに料理の本と首っぴきでクッキーやらプリンやらこしらえていた。

「いきなり鍛えられた。だしをとるのがめんどうだなんて言っていられなくなっちゃって」

添加物の入った食品を避けてくださいと医者に指導されて、つまりほとんどを自分の手でつくらなければならなかったから、いっときタエちゃんはパンまで自分で焼いていた。奮闘の甲斐《かい》あってアトピーの症状は年々軽くなり、いまでは五年におよんだ苦労が夢みたいとふりかえる表情にはすっかり余裕が出た。ドスをきかせるときの声には、いまや風格さえにじみ出ている。

「おっとごちそうさまはまだ早いっ。見てごらん味噌汁《みそしる》がちょっと残ってる。ちゃんと最後まで飲めなきゃ明日レギュラーはずされちゃうよっ」

どこそこの高級ケーキなんて、とんでもないのよ。タエちゃんが苦笑いしていたことがある。夫のベンちゃんが会社の帰り、あっこないだテレビで見かけた店だと舞い上がり、めったにないことにケーキを買ってきた。それこそ宝石みたいに繊細なケーキ。色までシックで、デリケートで、箱を開けるなり思わずほうっとため息が出た。

けれども食後にテーブルに出すなり、今度はぜんぜん違うため息をつくはめになった。男の子三人、いつもと違う匂《にお》いを嗅《か》ぎつけてどどと襲来して、「うわ、すげえ」。「いま紅茶淹《い》れてるから」とポットに湯を満たして振り返ったら、皿三つ、もうすっからかんになっていた。ベンちゃんの嘆きようといったらなかった。

「あのな。これ、ひとつ四百八十円もしたんだぞ。それがこいつらの三口たった十五秒」

だから、「ただおいしい」だけで品物を選んでいられない。「めずらしい」「貴重」という言葉も、育ちざかりの男の子の前では「だからそれで?」てなもんだ。けれども、敵三人を相手に回してひるんだままではくやしくもある。

でね、タエちゃんが続けた。一年に二度、子どもたちの誕生日が来るたび「ああただよ」と思う。二度とも駅前の洋菓子屋でまるいバースデーケーキを買うことになっているわけだが、これが決まってケンカの火だねになる。ナイフで切り分けると、やれ自分のほうが大きいの小さいの、チョコレートの飾りがのっかっているのいないの、すねたり泣きべそかいてみたり、そりゃあもううるさい。三人子どもがいて、二度の誕生日ですんでよかったとつくづく思うわけよ。

そうか、ちいさな子どもがいるうちは親が分ける手間のいらないものが便利なのだ。

ただでさえ家事に追われているから、包丁で切ったり汚れた皿を洗ったり、もうそれだけで仕事を増やすことになる。ようするに、包みを開いたらあらかじめ小分けになっていて、数に分かれるもの。手を汚さずそのまま食べられるもの。ごみの出ないもの。ケンカにならないもの——。

さて、そこで今日の手土産はビスケットである。しかもひと箱ずつ、レモン、オレンジ、ジンジャー、味がちがう。自分でも長年欠かせないイギリス「DUCHY　ORIGINALS」のビスケットは、いつどんなときに食べても飽きないおいしさだ。品質にも信頼あり。なにしろイギリスのチャールズ皇太子が一九九〇年にみずから創設したブランドだけあって、バターたっぷり、イギリスの伝統的なビスケットのおいしさが味わえる。一枚でもけっこうな食べごたえがあるから、小腹が空《す》いたときのおやつや簡単な食事代りにもなる。さすがの猛者《もさ》たちでも、この三箱をたちまち空っぽにするのはむずかしかろう。

通りかかった「紀ノ国屋」で、なにかいいものないかな。あれこれ探していたら、坊主《ぼうず》たちにはかなりもったいないけれど今日これでいってみようという気になった。いやほんとうは、タエちゃんに味わってもらいたかった。くるくる家事に追われながら、つかのまほっとひと息ついた昼下りなんか、熱いミルクティーでも淹れて、ちょっと優雅な気分で齧《かじ》ってもらえたら。おんなともだちの気持ちもいっしょに紙袋にがさっと入れて渡したい。坊主たちに隠れてこっそり渡そう。

「銀杏《ぎんなん》と京番茶」

十一月九日
銀色の雨

ぼとっ。

背後で土が音を立てた。鋭いけれど重みのある音。振り返ってみるのだが、神社の境内はしいんと静まったままだ。また風がびゅうと鳴った。

ばらばらっ。派手な音があたりに響く。ははあ。見当をつけて地面に視線を送る。銀杏である。枝から離れた銀杏の実が、風に背中を押されて、境内の黒い土にかぶさった枯れ葉のうえあちこちにばらまかれている。今年もやってきたのだな、銀杏の季節。

季節が動くさまに出くわすと、身震いする。神々《こうごう》しい場面を目にしてしまったような。または、私だけに「見せてあげる」と神さまが微笑《ほほえ》んでいるような。

ふたたび息を潜めて待つ。誰もいない日暮れどきの神社の境内で、ちょっと身を固くして待ってみようという気になる。ひゅうっと風が吹くので耳をそばだててみるが、なにも起こらない。また風が頬を打つ。なにも起こらない。だんだん焦《じ》れる。なんだ銀杏がもったいをつけている。くやしくなって、こんなところでコートの衿《えり》をかき合わせていないで、もう帰ろうと思ったところへ寒風が境内を駆け抜け、枯れ葉をぶわあっと底から起こした。

天から銀色のおおつぶの雨。銀杏の雨が降ってきた。ばらばらと音も高らかに、それは晩秋の訪れの音なのだった。

翌朝。昨日より厚手のマフラーをぐるぐる巻いて、朝七時すこし前に家を出た。コートのポケットにはビニール袋。いざ銀杏拾いに出かけるのだ。去年のおなじ時期は、うっかり逃した。「あそこの神社の銀杏、拾いに行かなきゃ」、何度となく言い聞かせていたのに、かんじんの頃合いになってうっかりするりと忘れてしまってほぞを噛《か》んだ。それだけに今年は気合いが入っていたわけです。

拾いはじめると、止まらなくなる。しゃがんだ足もとのまわり、手がのびる範囲をくまなく銀杏収集に励む。

(これだけ拾ったら、あとで指先のにおいがたまらないなあ)

でも、しゃがんだ位置をすこしずつずらしながら熱をこめ、着々と銀杏をつまみ続ける。ビニール袋がぱんぱんにふくらんだところで、ようやく気がすんで、満足感いっぱいになって、早朝の境内をあとにした。

本年ノ秋ハ大漁ナリ。ほくほくしながら、手づかみで銀杏を取り出し、さっそく棚の奥から銀杏炒りを出す。揺すりながらゆっくり火にかけ、頃合いを見計らって銀杏割りでぱちり……と棚のなかを探るのだが、一年ぶりなものだからすぐには発見できず、しようがないから歯のあいだで割ってみる。

がぎっ。

乾いた音が耳に響いて殻が割れ、なかからあらわれた翡翠色《ひすいいろ》の透明な美しさ。晩秋の銀の雨の幸福を誰かにも分けてあげたい。このあいだ、どっさりいただいた京番茶をいっしょに添えて。

十一月十八日

おとなのカステラ

白水堂「カステラ」

右手の指の腹がみみず腫《ば》れになってしまった。紙袋を右から左、左から右、持ち替え持ち替えした何十回め、立ち止まってまじまじと眺めたら二本の紐《ひも》が皮膚にめりこんで疼《うず》いている。

成田空港の第二ターミナルの通路をよたよた力なく歩く。ゲートまでのわずかな直線距離がこんなに遠いとは。いつもなら乗らずにすませるのに、「動く歩道」がこんなにありがたいとは。でかい紙袋を足もとに置いて離すと、息が途切れている。

紙袋のなかはカステラ三棹《さお》なのだ。三棹がいちどきに掌《てのひら》にかかる、その重さなど想像もつかなかった。いや、正確にいえば、あのとき予感はあった。デパートの地下食料品売場のカステラ専門店で、ガラスケースの向うから三棹入りの紙袋を手渡されたその瞬間、選択をまちがえたのではと一瞬後悔がよぎったのだが、あと戻りする勇気はなかった。途方に暮れたものの、いまさら数を減らしてくれとも言えず、よたよた紙袋を引きずりながらデパ地下を立ち去ったのだった。

翌日の朝、成田からバンコクまでこれぶら下げて飛ぶのだわたしは。

一週間前、電話をかけて「お土産なにがいい」と聞いたら、タイ人のともだちの声が弾んだ。

「カステラがいい！」

だってね、タイには日本のカステラのようなふわあっと夢のようにやわらかいお菓子がないの。日本で偶然カステラを食べたときには、もううっとりしちゃって。私いまだにあのおいしさが忘れられない。

たしかに東南アジアでは、カステラのようなきめ細かいスポンジのお菓子に出合わない。よし、手土産はカステラで決りだ。ほかの二軒にもカステラだ。新機軸のアイディアではないか。

こうしてタイに行く前日、私は勇躍カステラを計三棹、買いに走ったのだった。帰り道、早くも地下鉄の階段でよろけたとき、いやあな予感が頭をもたげたわけだが、自分が甘かった。成田空港で、ドン・ムアン空港で、タクシーで、あれ曲がる角をひとつまちがえたかなと道に迷った路地裏で。暑さと湿気に汗をしたたらせ、私は手をまっ赤に腫らしながら心のメモ帳に書き留めた。

（カステラを持つならひと棹まで）

ひと棹のカステラ。その持ち重りのなかに座っているのは、ちょっとくすぐったいような晴れがましさだ。嵩《かさ》があるのにかさこそ軽いケーキやシュークリームともちがう、細いのにみちっと重い羊羹《ようかん》ともちがう。きめの細かいカステラの生地のなかに均等なおさまりのよさがあり、なにかこう、安心の実体が詰まっているように感じられるのである。

だから、カステラは贔屓《ひいき》の味がいい。カステラなら、この味。わかりました、おまかせくださいと頼りになる味。

私にとって、それが麻布十番「白水堂」のカステラだ。

「白水堂」は、そもそも明治二十年に長崎で開業した「かすてら釜元《かまもと》 白水堂」が、大正三年東京に出した店である。つまり、長崎の銘菓を日本中に知らしめたのが、ほかならぬ「白水堂」だ。けれども、毎日カステラを焼く四代め店主の松浦さんの肩には看板を背負いこむようなちからはなく、飄々《ひょうひょう》としたものである。あるとすれば、自分の満足のゆくカステラを焼くための気の張り。

「素材は昔ながらのものだけです。卵をふんだんに使い、あとは精白糖、ざらめ、小麦粉、水飴《みずあめ》。それ以外は、なにも」

だから、湿度や温度がそのまま焼きかげんに影響する。梅雨の時季と乾燥する冬場では、生地のふくらみ具合やきめ細かさ、しっとりとした風合いがおおきくちがってくるのだという。そこを精密に読み取ったうえで、生地の仕立てかたや扱いに工夫をこらして、いつもの「白水堂」のおいしさに仕上げる。

——そんな話をうかがっていると、ああ麻布十番のちかくに住んでいたらなあ、と思う。もっと足繁《しげ》く、この店に通えるのに。今日のカステラは卵の味が格別にしっかりしているなあ、とか、おや今日のはさらりとした味よ、などとおしゃべりしながらたのしめるのではないかしら。なにしろ、ここにはとびきりうれしいおたのしみがある。午前中、白い暖簾《のれん》の「かすてら」の文字の下をくぐると、ガラスケースには焼き台から出したての座布団《ざぶとん》みたいなおおきなカステラが鎮座して迎えてくれる。入り口ちかくに、箱入りの「焼きたて　かすてら」半斤八百円。釜から出したばかりのほっかほか、本日の朝の焼きたてが手に入る。ご近所さんだったら、これを目当てにいっそ暖簾をくぐれるのにな。うらやましいな。

タイル張りの床、たっぷりとしたガラスケース。

「陸の孤島なんて呼ばれて静かだった時代からずうっと麻布十番に住んでいますが、六本木ヒルズができて以来、すっかりひとの流れが変わってしまいました」

それでも、「白水堂」のカステラのおいしさは変わることがない。きちんと甘くて、台の茶色のところにめりこんだざらめがじゃりっと舌に触ってうれしくて、生地はしっとりみずみずしくて、ふくよかな卵の味わいが満ちている。おとなの味なのだ。

ひとつから買えるちっちゃなカステラ菓子も、この店ならではのなつかしい味わいだ。羊羹をくるっと巻いた「うづき」、白あんをカステラ生地でサンドウィッチにした「カステラ満月」、一色のチョコレートでコーティングした「スイートカステラ」、ガラスケースのなかにおとなしく並んで、どれも素朴でおいしい。

カステラひと棹でも、ちっちゃなカステラ菓子でも、「白水堂」の味ならばほんのり晴れがましくて、と同時におだやかな安心を添えて差し上げられる。どちらにとっても、つくづくしあわせなことだ。

追記

残念なことに「白水堂」は、そののち閉店した。ふんわり卵のおいしさの詰まった生地のなかで、おおつぶのザラメがじゃりっと鳴る音がなつかしい。軒先で揺れていた白い暖簾をくぐると、店内に漂っていた焼きたてのカステラのぬくい熱とやさしい香り、思いだすとなつかしくてたまらない。麻布十番のひとの流れもずいぶん変わってしまった。その変化のなかに埋もれるようにして、しずかにいなくなってしまった店。カステラを買うことがすっかり少なくなってしまった。

十一月二十日

慣れた味

「中国おこわ」


「地下鉄に乗る前に、ロッテデパートに寄ってもいいですか」

ホテルの玄関を出ると、イファさんが右の方向を指差した。

「ウェスティンホテル」のロビーで待ち合わせていっしょに外に出ると、横風が坂道を上がってきて頬を切る。ソウルの中心にあるこのホテルはどこに出かけるにも便利で、それなのになごやかな空気が漂っていて部屋に戻るとのんびり落ち着くから長年の常宿になっている。少し高台に建っている佇いも好きだ。

「もちろんよ。なにか買うの」

「ええ、食料品売場でハルモニに買っていってあげようと思って」

韓国のともだちとつきあっていると、ふとした折に感心させられる。たとえば今日のように、お年寄りや年配のひとの家を訪ねるときのことだ。年長者をたいせつにするのはそもそも儒教の教えだけれど、イファさんのような二十代半ばの若いひとにもその感覚は身についている。

午後いっしょに陶芸作家の仕事場に遊びに行く約束をしていた。そのすぐ近所にひとり暮らしのおばあちゃんの住まいがあるので、ちょっとだけ顔を見せてあげたいから寄っていきたいのですが、と昨日の電話でイファさんが言ったのだった。

「なに持っていってあげようかな。おいしそうな柿《かき》が出てるから、やっぱり柿がいいかしら。ハルモニの大好物なんです。それと、雑穀を何種類か」

真剣な表情でひとつずつ選んだ柿を三つ、そして、雑穀がずらりと種類別に並んだ穀物売場で混ぜてもらったハト麦、ヒエ、半割りに砕いた黒豆と緑豆、粟《あわ》。

「ハルモニの口ぐせは、『白いごはんは栄養がないよ、雑穀といっしょじゃなきゃだめだよ』。ちいさいころからずっと聞かされてきました。ごはんを炊《た》くときは、雑穀を混ぜて炊くのがハルモニの習慣なんです」

柿と雑穀の袋を手にしてロッテデパートの地下食品売場の通路を抜けながら、「あ」とイファさんが声を出した。

「烏《う》骨鶏《こっけい》の卵もからだにいいからひとつかふたつ、買っていきます」

Uターンして卵売場を目指す彼女にくっついて歩きながら、私は思った。日本なら、都心のデパ地下を歩いて見つくろうのは和菓子だったり上等の海苔《のり》だったり、自分ではなかなか手が出ない高級な玉露の茶葉だったり、親兄弟でも親戚でも、身内にもち

ょっと気張ってしまう。いっぽう、今日イファさんが選んだのは柿と雑穀と卵である。孫
私は、まだ会ったことのないハルモニの笑顔を思い浮かべる。うれしいだろうな。孫
がひとり暮らしのおばあちゃんの健康を願う気持ちがいっぱい詰まっている。

平日の昼下りの地下鉄は、どこの国でものんびりとした空気が流れている。地下鉄三号線に乗りこんで座席に腰をおろすと、向いのガラス窓に買い物袋をのせたイファさんと私が肩を並べて映りこんでいる。

「あのね、ときどき思い出すハルモニの得意料理があるんです。まだハラボジが元気だったころ、おじいちゃんの好物だから、とよくつくっていたのがカルビチムなんです。骨つきカルビやじゃがいも、にんじんなんかをことこと煮こんだ料理ですが、鍋《なべ》にどっさりつくって、そのころすぐ近所に住んでいたうちにも分けて持ってきてくれた。ちいさいころ、それがたのしみでたのしみで」

ハルモニが丹精こめてこしらえる韓国の煮ものの味。鍋からざっくり移したできたて、深い鉢に山盛りのカルビチム。掌から掌へ受け渡すときのぬくもりを、地下鉄に揺られながら私は思い浮かべてみる。

「たっぷりつくらなきゃおいしくないから、というのが、玄関先のハルモニのいつものセリフでした。夜、帰ってきた父がうれしそうに食べながら、『この味をしっかり

覚えてくれよ』なんて母に口うるさく言ってて、それがちょっとかわいそうでしたけれど」

つくりたてのあたたかいものを届ける。それは、お互いにスープの冷めない距離に住んでいるからこそのしあわせだ。ぬくもりをたっぷり宿しているところを大急ぎで届ける、受け取る。その贅沢《ぜいたく》さ、寄り添いあう親しさ。幼いころ、そんな気持ちをたっぷり味わったイファさんの膝《ひざ》のうえに、柿と雑穀と卵。

まだ湯気の立つ料理を、ときおり誰かに届けてみたくなる。たとえば今日は、娘が叔母の家、つまり私の妹の家に遊びに行くという。なにかことづけてやりたい。そこで持たせたのが、昨夜からそのつもりで乾物を水に浸してもどしておいた、つくりたての中国おこわである。

「重いけれどね、あっちに着くころはまだたっぷりあたたかいはず。みんなでいっしょに食べてね。よろしくね」

もう三十年近く前、妹とふたり暮らしをしたことがある。そのとき、彼女が大好物だったのが、この中国おこわなのだ。レシピも三十年前とすっかりおなじ、おなじつくりかた、おなじ味である。あたし、こしょうがたっぷりきいたお姉ちゃんの味がすごく好き。つくるたび、いつもそう言ってくれていた。

中国おこわ

4〜5人分

材料

干しえび大さじ3　干し貝柱3個　干ししいたけ4〜5枚　豚バラ肉（ブロック）150g　たけのこ、にんじん各150g　醬油《しょうゆ》大さじ2　酒大さじ1½　オイスターソース大さじ1　塩、こしょう各適宜　鶏スープ（もどし汁と合わせて）3カップ　もち米3カップ　サラダ油適宜

つくりかた

①干しえび、干し貝柱、干ししいたけを2カップの水に浸し、ひと晩おく。もち米も水に浸してひと晩おく。

②豚バラ肉、たけのこ、にんじん、干ししいたけはそれぞれ6〜7㎜角に切り揃《そろ》える。干し貝柱は手でほぐす。

③中華鍋にサラダ油を熱し、豚バラ肉を炒《いた》める。

④たけのこ、にんじん、干しえび、干し貝柱、干ししいたけを加えて炒め、調味料をすべて加えて炒める。

⑤ざるに上げて水気をきっておいたもち米を④に加えて全体を炒める。
⑥①のもどし汁と鶏スープ（または水）を合わせて3カップにしたものを注ぎ、全体に含ませるようにしながら中火で汁気がなくなるまで煮る。
⑦蒸籠《せいろ》にハスの葉（または蒸し布）を敷き、そこに⑥を入れてふたをして、じっくり蒸す。

十二月一日
冬の夜中
「プルーンの赤ワイン煮」

ユリさんがこぼしていた。半年ほど前のことだ。

「こないだ教えてくれたでしょ、『プルーンの赤ワイン煮』。すごくおいしそうだったし、簡単そうだったからさっそく翌日つくってみたの。ところが」

期待通り味はとてもいいのに、ぷくーっとふくらまないのよ。漬けているうちにぷっくりおおきくふくらんできて、そのふくらんだとろとろがおいしいって言ってたでしょ、でも、ぺしょっとつぶれたままだったの、どうしてかしら。ちょっと恨みがましそうにユリさんは言い、そのときの不出来を思い出したらしくて、くやしそうに眉《まゆ》を寄せたのだった。

たしかこう答えたように思う。

「煮るときの火が強かったか、プルーンが痩《や》せた質のものだったか、それとも煮汁が少なすぎたか。このうちのどれかだと思うのだけれど」

すると、記憶をたぐり寄せながら、ユリさん。

「ホーローの小鍋《こなべ》で、弱火でことこと煮たのよ。プルーンはオーガニックのちゃんと質のいいものを買ったし、煮汁もプルーンがたぷたぷに浸っていたから、少ないってことはないと思うわ」

あーんどうしてだろうね。結局ふたりして暗礁《あんしょう》に乗り上げた。

こういうときは、気になる。魚の小骨がのどに刺さったみたいに居心地が悪いままになる。そのあと自分でもおなじものをつくるとき、「どうしてうまくいかなかったのかな」と、ざらつくのだ。「気づかないところに落し穴があったのかな」。あれこれ想像を巡らせながら、かすかに意気消沈。

ただし、うまくいかないときは、逆に「しめた！」と思いたい。いや強がりではない。プラス思考とか立直りが早いとか、そういうことでもない。「失敗は成功のもと」。料理がうまくいかないときの原因は、腕を上げるための秘策なのだ。原因がわかれば、それをきちんと把握すれば、かならずひと山越えられる。ほら、ぎくしゃくした仲をもとに戻すには、お互い腹を割ってとことん話すよりほか手はないでしょう？　ようするに、失敗は「チャンス！」なのです。

ユリさんの「プルーンの赤ワイン煮」の失敗をどう次につなげるか。半年小骨が刺さったまま、結局「本家の味」を披露しようとかんがえた。そういえばお互い話ばっかりで、ユリさんは私の「プルーンの赤ワイン煮」を食べていない。私も、そのぺしょっとつぶれたままのプルーンを食べていない。

さて、どうして半年前のことを思い出したかといえば、冷蔵庫のなかの「プルーンの赤ワイン煮」がちょうど食べごろになったからである。つい一週間前、思いついて夜中にたっぷりこしらえたそのプルーンが、煮汁をたっぷりふくんで日ごとおおきくふくらんでいった。冷蔵庫の棚の奥に寝かせておいて、いま食べごろ。こっそりひとつぶ口にふくんでみると、機が熟したころあいである。

明日ユリさんに会うから、少し持っていってあげよう。これよ、このふくらみ具合。きっとなにかがわかるにちがいない。つくりかたももう一度しつこく教えてあげよう。

プルーンの赤ワイン煮

材料

プルーン20つぶ　赤ワイン2カップ　レモン汁大さじ1½　砂糖大さじ3　シナモンスティック1本　クローブ小さじ1

つくりかた

①ホーローの小鍋にプルーン以外の材料を入れていったん沸騰《ふっとう》させ、プルーンを入れる。

②弱火でことこと煮て、煮汁がとろりとなったら火を止め、冷ます。
③粗熱がとれたら、保存容器に入れて冷蔵庫で保存する。4~5日経《た》ったころがおいしい。半月はじゅうぶん日持ちする。

十二月十二日

はがきも電話も

半兵衛麩《はんべえふ》「禅」

玄関から踏み出すと、背後でドアの閉まる音。ドアひとつで温度はこんなに違う。息を吐くと、白くて尾が長い。たった十数歩の距離だが、首をすくめながら門扉《もんぴ》の内側の郵便受けをのぞきこむと、郵便物の重なりの上に一枚のはがき。おもての文字に見覚えがある。太めのペンがたくましく動いた跡、けれどもおおらかに伸びをしたような筆づかい。郵便受けのなかに手を入れながら、確信した。カシワバラさんだ。

つい先週、私はカシワバラさん宛《あて》に茶封筒の郵便を出した。なかに入れたのは京都で買ってきた「半兵衛麩」のしぐれ煮のひと包みで、一筆箋《いっぴっせん》にこう記して添えた。

「あったかいごはんといっしょにどうぞ。サラダや和《あ》えものに入れてもおいしい！」

グルテンをぽろぽろにして、甘辛く味つけした「半兵衛麩」のしぐれ煮は大の好物で、ごはんのおともに絶佳。冷奴《ひややっこ》にのせたり、きゅうりやかぶの和えものに混ぜたり、ときには海苔《のり》でくるんで酒肴《しゅこう》に仕立てたりもする。京都に行けば、近所を通りがかるとふらりと暖簾《のれん》をくぐり、何袋か買って帰るのが長年の習慣なのだ。

京都から戻ってきてすぐ、仕事の打合せがてらカシワバラさんに会う予定があったのに、こちらの都合で時間が合わなくなり、約束がお流れになった。けれども、京都土産をいったん彼女に差し上げようと思ったのだから、行き先はほかにあるはずもなく、さっそく封筒に入れて送ったのだった。

いいタイミングだったのに、自分の勝手な都合で時間が合わなくなったのが、くやしい。今度会うまで取っておこうか。いいや、それでは間延びしてしまう。すぐ郵便で送ろう。そう決めたらラッピングするのにもたつくが、いやそれより「半兵衛麩」のちりめんの和紙の包みがすでに申し分なく美しいのだから、じゃまはいらない。手近な茶封筒で、急げ！

その五日後が今日だった。木枯しの吹きかけた日暮れどき、はがきの裏を返す指先が先をあせる。カシワバラさん、気に入ったかな、好きだったかな。

「昨夜はごはん二杯おかわり。今朝はおにぎり。もったいないから、週末はちびちびつまんで酒のサカナ。感謝!!」

はがきいっぱい、太い字が躍っている。

よかった。きっと気に入る味だと思っていた。それにしても、すばやい。なんでもないふつうの官製はがきというのも、気が置けなくていい。食べて感心してくれた勢いそのまま、ちゃちゃっとすばやく書いて近所のポストに放り込んだ様子が伝わってくる。

はがきはいいな。手紙なら、出したほうも受け取ったほうもちょっとばかり重くなるけれど、まさに「言の葉」、風に乗っかってふわりと掌《てのひら》に舞い降りる、そんなかんじ。

お礼状はすぐ出さなきゃ、と思うけれども、ささっといかないときがある。はがき一枚気軽なはずなのに、忙しさあわただしさに巻き込まれて一日、またうっかり一日、過ぎていく。しだいに自分のだめさ加減が身に迫ってくる。これはあまりよろしくない気分です。

(電話じゃだめかな?)

あるとき、はたとかんがえた。はがき書かなきゃ、はがき、はがき……追われた気分を抱えているより、ぽんと電話一本、その早さが気楽なときも意外にたくさんある。

「これうちのおばあちゃんがこしらえたの。おすそわけ」と、昨日もらったお手製の小豆。朝ごはんを終えて、煎茶《せんちゃ》を淹《い》れてスプーンですくって食べたら、ふっくら炊《た》けていてとってもおいしい。新聞読んでひと呼吸して、ふと時計を見上げたら時計の針が九時過ぎを指している。おもむろに受話器を取る。

「おはよう！　じつはついさっき、ゆで小豆いただいたの。ほんとおいしいねえ。私もあんなふうに小豆が炊けるようになりたいよ。くれぐれも、ごちそうさま、って、どうぞよろしくお伝えください！」

「わざわざ電話ありがと。おばあちゃん、よろこぶわ」

電話の勢いを借りるのもいいものだ。

十二月十五日
踏切渡って

イエンセン「デニッシュペストリー」

新宿から小田急線の各駅停車に乗って三つめ、南新宿、参宮橋と進んで、そのつぎが代々木八幡《よよぎはちまん》だ。改札を出るなり目の前のちいさな商店街にもどこかのんびりとした空気が広がっている。

代々木八幡には好きな店がいくつもある。たとえば和菓子「岬屋」、パン屋「ルヴァン」、ドーナッツ「ハリッツ」、チョコレート「テオブロマ」、デンマーク・ペストリーの店「イエンセン」……住んだことはないのに、とても親しい町。

昼間にこの駅で降りたくなるのは、決まったタイミングがある。都心に出かけて新宿を経由し、戻る時間がちょうど昼下りの時分。うららかに空青く、からりと晴れている。

（ぷらっと代々木八幡で買い物して帰ろうかな。新宿から小田急線に乗ればたった三つめだもの）

そして小田急線の各駅停車のホームにとことこ降り、新宿から西の方角へひたすら向かうこの電車の座席に座るのが好きなのだ。

改札を出ると、すぐ右側に大きな踏切がある。少し上に目線を上げれば、車の往来の激しい山手通り。左は青空天井の商店街。右に行こうか左にしようか。一瞬立ち止まって右を見て、左を見る。もう一度、左を見る。すると、「HASHIYA」。すっかり見慣れて風景のひとつにしか見えなかった看板の文字と、今日は焦点がぴたりと合ってしまった。足が左側へ動き出している。

ここは和風スパゲッティの店だ。大学生のころよく来たなあ。あらためて指折ってみると、もう三十年以上も前である。入ってみようか⁉　「HASHIYA」。

ずっと思いだしたこともなかったのに、なぜか今日「たらこといかのスパゲッティ」を食べている。けれどもこのまるい木のボウルに入った「たらこといかのスパゲッティ」は、たしかに気に入りのメニューだった。ゆでたてのスパゲッティの湯を切ってボウルに移すなり、高速回転で混ぜ合わせる手つきも昔のままだった。運ぶ直前、ざばっと景気よく刻み海苔《のり》をかけるのもおなじ。ひさしぶりに食べる和風のスパゲッティの味は、むかし住んでいた部屋のドアを開けたようななつかしさがあった。

おなかいっぱい、ごちそうさま。そうか、「たらこといかのスパゲッティ」はいま千二百円もするんだ。レジの前で財布を開き、支払いをすませて外へ出る。昼一時を過ぎてもお客は入れ替り立ち替り超満員で、でもその混雑ぶりが逆に気持ちのよい店だった。三十年ぶりにすっかり満足させてもらって、そうしたら足は逆もどりして踏切の方角へ向かった。

カン、カン、カン。踏切の鳴る甲高い音が青空に響く。こんな昼下りは、何本も電車が過ぎる時間をのんきに待てる。広いおおきな踏切を渡って道なりに歩けば、そこにはちょこんとかわいい「イエンセン」。

うっかりすると見落としそうな、なんでもない風情《ふぜい》である。木のドアを押して入り、トングとトレイを手に取って棚の前に立ち、そこに残っているパンとしばらくぶりの対面だ。開店は早朝六時五十分、焼きたてのおいしさは、この町に住むひとのためのものだ。ときおり訪れるお客は、その日そのとき棚に残っているなかから選ぶことになる。

さっそくきょろきょろ、好きなパンを目で探す。贔屓《ひいき》のペストリーはシナモンロールのスモースナイル、けしの実をたっぷりのせたティービアキス、カスタードクリームとラム酒漬けレーズンの入ったスモーケアア。ぶどうパンやチーズケーキも好きな味。ええと今日は……トングを手にすると、好みのフルメンバーが勢揃《せいぞろ》いしている。デンマーク大使館御用達、デンマークの伝統の味。「イエンセン」のペストリーを食べると、ペストリーのイメージがすっかり変わる。何十層にもなったさくさくほろほろの生地には油っぽさがなく、生地のあいだの空気さえごちそうに思えてくる。食べたあとには羽のような軽さが残るのである。

トレイに三種類三つずつ入れたところで、ああそういえば、とトングを握る右手が止まった。ここのペストリーがだいすきだったともだち、彼女は変わらず元気でいるだろうか。こどものころから代々木八幡に育って、結婚したあとも実家から歩いて十五分とかからない場所に夫婦ふたりで住んでいた。こどものころからずっと「イエンセン」のパンを食べて育ってきた彼女にとって、いってみればそれはソウルフード。朝の食パンもおやつのデニッシュも、お弁当のサンドウィッチも、ぜんぶ「イエンセン」にお世話になってきたのだという。ところが結婚して三年後、夫が家業の農家を継ぐと決めたものだから、いっしょに福井に転居することになった。去年もらった年賀状には「トラクターの運転がうまいとほめてもらってます」。ときどき「イエンセン」の味を思い出すことはあるのだろうか。いま、彼女はどんなパンを食べているのだろうか。

代々木八幡のホームに立ったら、すぐに新宿行きの各駅停車がやってきた。膝《ひざ》のうえには紙箱に入れてもらった「イエンセン」のペストリー。三十年ぶりの「たらこといかのスパゲッティ」がうれしかった。踏切の音を聞きながら電車の窓から冬の青空を見上げる。

十二月二十六日
天下の回りもの

神亀《しんかめ》酒造「酒粕《さけかす》」

いただいた酒粕を分けてあげようと袋に包みながら、横滑り事件を思い出した。ちょうど一年くらい前のことだ。

「これ、あげる。いただきものなんだけど」

がさごそ紙袋のなかからトコちゃんが取り出したのはピーナッツ煎餅《せんべい》である。へえ偶然もあるもんだ。数日前に私のところに新潟のともだちから野菜といっしょにピーナッツ煎餅がたくさん届いたので、たまたま会う約束のあったホリコシさんにひと袋おすそわけしたばかりだった。

そのときと紙袋までそっくりおなじ。もしかして、これ……。しげしげ眺めていたらトコちゃんがすかさず言った。

「あ、ホリコシさんにいただいたの、これ」

ホリコシさんにいただいたピーナッツ煎餅はんぶんこね、とトコちゃんが言うのだから、ええともとはこの倍のかさがあったということで、どうやら私がおすそわけしたそのまんま右から左へ横滑りしたようだ。

あっちゃー。そっかーホリコシさんだめだったのかピーナッツ煎餅。そういえば、いまひとつ反応がニブかった。これピーナッツすごいのよごろごろいっぱい入ってるのよ、って自慢げに渡したら「あ、ああ、ほんとにね」。いまから思えばあの微妙なノリの悪さは、そういうことだったのだ。

（悪かったな）

思いながらも、渡した袋ごとそっくり流れたと知れば、やっぱりしゅんと肩を落としてしまう。

おすそわけの、そのまたおすそわけ。これにはちょいと注意が必要です。世間は思ったよりもずいぶん狭くて、ピーナッツ煎餅とおなじ事態はけっこう起こりがち。引き出物にいただいた皿小鉢だったのに、結局持てあまして、知合いにひと揃《そろ》いそっくり譲ったのがひょんなことから知れて、以来気まずくなってしまったともだちがいる。

お金は天下の回りものというけれど、ものだって天下の回りもの。誰からもらった、それを誰にあげたといちいち目くじらたてるのも了見の狭い話だけれど、そこはそれ、人情が絡《から》めば悪気なんかなくてもなにかがねじれることがある。かといって、馬鹿《ばか》正直すぎても墓穴を掘る。

暑い盛り、来客があったとき、おずおずと聞かれた。初対面のひとだった。

「あのう、大阪の水なす、召し上がったことありますか」

「水なす！　あれはおいしいですよねえ。大好物です」

「そうですか！　私は今年おともだちにもらって初めて食べたんですけれど、あんなにおいしいものだとは知りませんでした。それに関東じゃあなかなかないですものね」

彼女の瞳《ひとみ》がぴかりと光ったので、こっちもうれしくなって続けた。

「ちょうどこの時期、大阪から送ってもらうんですよ。今年もおととい届いたばかりで、じつは冷蔵庫にどっさり。ようく冷えてますので、あとで召し上がってみませんか」

と、ここまで一気に続けたあたりで、おとなしいそのひとが長くて黒いまつげを所在なくしばたたかせた。

「あ、そうでしたか……」

はっとして、彼女のバッグのかたわらの紙袋にそうっと視線を移動させる。

（あっ）

もしかしたらあの中身は水なすではないだろうか——なんてこった。しどろもどろである。

「でも水なすっておいしいからあっというまになくなっちゃうんですよね。すごく軽いから、お茶請けとかおやつにもどんどん」

挽回《ばんかい》しているつもりである。

「水なすの時期はほんの数ヶ月だけでしょう、貴重なものだからほんとにありがたくて」

「あのうじつは」

果たして紙袋のなかは水なすで、わざわざ三個、おすそわけに携えてきてくれたのだった。

「うわあ、ほんとうにありがとうございます」

冷や汗をかきながら、口走っていた。

「あの、よかったらうちの水なすも召し上がってみませんか。いまお出ししてみますから」

さくっと裂いた水なすを鉢に盛りこみ、つめたい麦茶といっしょにつまんで「この味、この味！」。ゆるゆると緊張がほぐれた。

さて、季節は巡って本日、私の手のなかにあるのはいただきものの酒粕である。以前にトコちゃんに頼まれていた。

「どこかでおいしい酒粕、手に入らないかな。ずしーんと根性のすわった感じの、深い味の。粕汁つくりたいんだけれど、なかなかいいのが見つからなくて。魚の粕漬けもつくってみたい」

先週ぐうぜん二袋、仕事仲間にいただいたのは埼玉「神亀酒造」の酒粕である。そのうちのひと袋、分けてあげるよ。

おいしいものは、まことに天下の回りものである。

十二月二十八日

北京のしゃぶしゃぶ

「涮羊肉《シュワンヤンロウ》のたれ」

北京は零下二十度を越えるころだろうか。冬の朝方、北京の路地裏のお粥《かゆ》屋で小豆粥を啜《すす》ったあと、息をほうっと静かに吐いてみる。すると、顔の前に白くて濃い霞《かすみ》のかたまりができる。凍《い》てついた空気に向けて放たれた、自分のからだのなかのぬくもり。かたちになって現われた温度の差を目で捉《とら》えて、たったいま立っている中国の北の寒さを確かめる。たわいのないことだが、気温の上下で白さの濃淡が変わるのがおもしろくて、飽きない。

北京の冬は湯気の季節である。日の暮れかけた路地を歩いていると、町角の煙突から白い湯気がもくもくと立ち昇っている。トタン屋根の傾いたちいさな店の煙突だ。なんの煙かしら。近づいてガラス窓をのぞきこむ。

涮羊肉屋だ！

パイプ脚の簡素な卓のうえにおおきなしゃぶしゃぶ鍋《なべ》。炭火で火を熾《おこ》した背の高い鍋が煮えたぎっており、老若男女が卓を囲んでせっせと箸《はし》を動かしている。狭い店のなかに充満した湯気。その蒸気が煙突をつたい、すっかり冷えこんだ北京の夜空に白い煙を送り出しているのだった。ガラス窓のすぐ向こう、家族連れのおじさんが煮えばなの羊肉を箸でつまみ上げると、ちりちりっとフリルみたいに縮れてピンク色に光っているから、鼻先を窓にくっつけた。あれが食べたい。のぞきこんでいる自分の耳や頬の冷たさが一瞬で消えた。

それが涮羊肉屋に初めて足を踏み入れた日で、あとはやみつき。涮羊肉発祥の店といわれる老舗《しにせ》「東来順」から、路地裏で細い煙突の立っているちいさな店までいろんなところで羊のしゃぶしゃぶを頬ばった。

薄く薄く切った羊肉。白菜。青菜。春雨。しいたけ。にんじん。豆腐。干し豆腐。基本の素材はたいていそんなところで、店によっては海老《えび》や貝などの魚介類とか牛や豚のモツを注文できるところもある。そして、麺《めん》を入れて締めくくりに。いいだしがたっぷり出たなかに麺を入れ、やわらかめにゆでてちゅるるんと啜りこむおいしさは、たとえようもない。箸が止まったころあいに、水を張った碗《わん》を鍋の煙突のてっぺんにぽんとのっけてふたをし、炭の火を消す。

くちいおなかをさすりながら、つま先までほかほか、耳たぶもまっ赤。背中の芯《しん》に、じいんと熱が滲《にじ》む。零下二十度だろうが、くるなら来いという気分になる。

そんなふうにして覚えたしゃぶしゃぶのたれの味である。使いますものは、つぎのとおり。

芝麻醬　1カップ

醬油《しょうゆ》　大さじ3

ナムプラー　¼カップ

ごま油　大さじ3

ラー油　大さじ1

砂糖　小さじ2

おろしにんにく　大さじ1

ねぎのみじん切り　大さじ3

たっぷりまとめてつくって寝かせておく。

ただし分量はそのときどき、気まぐれ。ラー油を増やしてみたり、黒七味を入れてみたり、おろしにんにくをどっさり増やしてみたり、ぺろっと舐《な》めて、じゃあ醬油をもうちょっと入れてみようか、などと適当にこしらえるのが楽しい。

たとえば北京の「東来順」では別々に小碗に入れたこれらをずらりと並べて運んでくるから、自分でつくるか、もしくは店のひとにまかせたりもする。ちゃっちゃっとれんげですくって合わせて混ぜ、そのときどきの味の違いもおいしさのうち。途中で味が薄くなったら、また適当に芝麻醬やナムプラーを足したりする。そのうち自分の好みもはっきりしてくる。

忘れがたさのあまり、北京から帰国した数日後、自分でさっそくこしらえてみた。味を忘れないように。

私なりの工夫は、一度にたっぷりつくって瓶詰めにして気長に寝かせるところ。熟成してくると、どんどん味わいがこなれてまろやかになってくる。熟れたおいしさに深みがそなわる。このしゃぶしゃぶを味わいたいばかりにわざわざデパートの肉売場に行き、羊肉のかたまりを買う。それを自分で冷凍して、包丁で薄めに切るという手間のかけようである。ジンギスカン用の肉が見つかれば、それを買うときもある。ひと冬に、なんど味わっても飽きない。

暮れも押し迫った十二月二十八日。ひと駅隣のともだちが、毎年お母さん手製のなますをたくさん届けてくれる。そのときに「ハイこれ!」。年末のおいしいものの物々交換だ。彼女のせりふも泣かせてくれる。

「このたれの味を教えてもらってから、うちのしゃぶしゃぶがとくべつな味になったよ」

羊のしゃぶしゃぶは冬の味。からだに熱を溜《た》めてくれる羊肉をせっせと摂って、中国の北のひとびとは身を切るような厳しい寒さを乗り切る。

一月八日
たのみごと
八百源来弘堂《やおげんらいこうどう》「肉桂餅《にっきもち》」

「みっともないよ」

ミサキちゃんがカリカリ怒っている。

「でろーんと鼻の下伸ばしちゃって、口もとがだらしなーく緩んじゃって」

いっぽう、ジントニックのグラスをスイッと持ち上げたサワキくんは余裕のおももちである。三人で、バーのカウンターで飲んでいる。

「いやね、さっき並木通りを歩いていたら、ちょうどブティックから出てきた女の子とばったり会ったんですよ。どこかで顔見たことあるな、と思ったら、隣の部署の子で」

「そうしたら、その子なんて言ったと思います?」

ミサキちゃんとサワキくんがつきあってたしかもう四、五年めなのだが、もう結婚する、そろそろだと周囲に思わせながら、なぜか進まないままだ。

「信じられないですよ。サワキくんの目を見上げながらねっとり言うんですよ、『あたし今日、銀座にシルクの白シャツ探しに来たんです、でもなかなかいいのがなくて。似合うのが見つかったら会社に着ていきますねー』。最後の『ねー』がうにょっと粘ってさ。なにあれ」

ここで一拍置いてから、ミサキちゃんはドスをきかせた。

「あたしがすぐ隣にいるっていうのに」

「あのなあ。おまえがいるから、わざわざああ言ったんじゃないかよ。嫉妬《しっと》されちゃっただけだよ。そこんとこ、わかれよ」

「頼むから余裕でかわしてくれ」のひとことで、ほんの少しミサキちゃんは気分を直し、すかさずサワキくんが調子に乗った。

「いいじゃないかよ。会社の女子に嫌われる男なんかいやだろうが」

「その言いかたはどうなの。『オレはうれしい』ってはっきり言いなさいよ」

なんだかじゃれ合っている。

甘えられるとうれしい（と思いこんでいる）男と、甘えるのが苦手（だと思いこんでいる）な女。この組合せは、ちょっとばかり難儀かもね。冷たいラムのソーダ割りを喉《のど》に滑りこませながら、ぼんやりかんがえる。

甘えるのが下手だと思いこんでいると、おねだりは苦手の骨頂に思える。いやそれどころか、おねだりというフレーズを聞くだけでこそばゆい。ひとになにかをねだるという発想がもとからないので、まどろっこしい手続きを踏むより、さっさと自分で解決しちゃったほうが早いと思ってしまう。じっさいのところ、そういうひとに限って段取りのよさは天下一品だったりするから、たいがいのことは自力で解決してしまえる。

まあそれはそれでちっとも構わないわけですが、微妙な要素もふくんでいるから、油断はならない。というのも、「なんでも自分でできる」は、結局いつのまにか「自分以外のひとはいらない」にすり替わってしまう。あつれきも誤解も生じようがないから便利に思えてくる。かといって、自分がひとりでいることを望んでいるかどうかはぜんぜんべつなので、話はややこしくなるのである。

むずかしいですね、甘えるのも甘えられるのも。ただ、そういうときはあれこれ頭を巡らせず、遠慮せず、あっけらかんと甘えてみたり甘えられたりすると、考えるほどのこともない場合が多い。

こないだ大阪に行くひとがいて、「わ、それなら！」。とっさに反応してしまった。

「大阪に行くなら、ぜったい買ってきてほしいものがある！」

強引なおねだりに出てしまった。「八百源」の肉桂餅を突然思い出してしまったから。

大阪・堺は、室町・南北朝時代に足利《あしかが》幕府の遣明船の発着港として栄えた土地である。のちに安土桃山《あづちももやま》時代に入ると、明国やオランダ、ルソンと交易を始め、「黄金のジパング」の商港として華やかに発展した。その堺の材木町で、南方から香木や香料を輸入して商っていたのが八百屋宗源。彼が考案したのが肉桂（シナモン）をお餅に混ぜこんだ香り高い肉桂餅だ。そして乱世を経たのち、元禄時代、宗源の子孫が「八百源」を名乗り、ふたたび家伝の菓子、肉桂餅を売り出した。

肉桂を練りこんだ香り、ぷにぷにの求肥《ぎゅうひ》。ほどよい甘さのこしあん。指先でひとつつまむとニッキの香りがふわあっと渦巻き、うまれたての赤ちゃんのような肌のやわらかさに、指先がとろけそう。

「大阪って聞くと、条件反射で肉桂餅を思い出すわけよ。お願いします買ってきて。ああ食べたいよー」

「しょうがねえな、そこまで言われちゃなー。もし時間があったらね。約束はできませんから期待しないで待っててくださいよ」

その三日後、「ハイ、買ってきましたよ肉桂餅」。電話の声は、かなり自慢げで、ちょっとうれしそうでもあった。そう思いたい。

一月十七日
朝の霜《しも》ばしら

九重本舗玉澤《ここのえほんぽたまざわ》「霜ばしら」

「いってきまぁす」

「いってらっしゃい」

閉めた玄関のドアががちゃりと鳴るいつもの音を聞きながら駆けだすと、制服の首すじに冷たい風がしのびこむので、あわてて毛糸のマフラーを巻きなおす。

あのころ、昭和の十二月の朝はぱきんと凍るように冷たくて、軒先にはときどき細いつららができていた。朝陽を照らされて表面が溶けはじめ、尖《とが》った先にふくらんでゆくおおきな雫《しずく》。もう落ちるぞ、そら落ちるぞ。赤いランドセルをしょったまま見逃すまいとして、じいっと眺める。レンズみたいになった雫の表面にはそれを見上げる自分のおかっぱ頭が映りこんで黒々としていた。まるく歪《ゆが》んだ朝の球を眺めるのは、冬の登校時間のだいすきな楽しみだったのである。

もうひとつ、寒くなるほど心待ちにするものがあった。霜ばしらである。凍えるような朝はつらかったけれど、自分を鼓舞した。「こんなに寒いのだから、今朝はきっとできているよ霜ばしら」。そう思うと、布団《ふとん》をはねのける勇気が湧《わ》いた。

黒い土をぐーっと押し上げて、むっくり顔をのぞかせる白い霜ばしら。通学路の途中にやわらかな土の路地があり、いちだんと冷えこむ朝ところどころにあらわれるのだ。小学校に上がってすぐの冬、そのことに気づいてからこっそりたのしみができた。

霜ばしらを見つけると、駆け寄って踏みつける。狙《ねら》い定めてズック靴を押し当て、一気にぐい。ただし、踏みつけかたにこつがある。霜ばしらのうえにのっかった土はふかっとやわらかい。だから最初に体重をかけず、滑らないよう左足に重心をかけておき、ズック靴を静かにのせる。土のうえに置いた右足を、えい。

足の裏に、さくっ。足の下では霜ばしらがざっくり崩れて割れ、満足感でいっぱいになる。黒土のうえにはズック靴の底の波々の足形が沈みこんでいた。

つらら、霜ばしら。寒い朝の早起きのごほうびなのだった。

けれど、どうしても叶《かな》わなかったことがある。見つけた霜ばしらを、腰をかがめて横から眺めていると喉が鳴りかける。霜ばしらを、自分の歯で噛《か》んでみたい。歯のあいだで響く音を想像したら、ぞくりときて衝動に駆られた。いちどでいいからこっそり食べてみたいな霜ばしら。

ランドセルに差し入れた縦笛を背中でかたかた揺らしながら、校庭が見えてくるころまでそんなことをかんがえていた。

　さて、それからたっぷり何十年も過ぎた冬のことだ。すっかりおとなになって、霜ばしらをついに口にすることができようとは。いや、正確にいえば、その日まで私はめったに冬の朝の霜ばしらを思い出さなかった。足の指があかぎれもしなくなり、ほっぺが北風になぶられて赤く染まることもなくなっていた。ぱきんと硬く凍るようなあの冬からずいぶん遠ざかっていたのである。

　こっそり食べてみたかった霜ばしらは、仙台の銘菓にすがたを変えて、指のあいだに現れた。

　青い丸缶いっぱいに詰まった白いらくがん粉のなかからひとつぶ探り当て、指でつまみ上げる。すると指先に、真珠のような艶《つや》、鈍く輝く光沢、なだらかなふくらみ。歯と歯のあいだに置いてそうっと嚙むと、しゃりしゃりっ。かそけき音とともに砕け散って果てるのだが、驚いたことに一瞬のち、あとかたもなく消え去ってしまう。あとにはやわらかな甘さが残るばかり。夢のような飴《あめ》である。

　今のはなあに？　幻ではなかったか。それが霜ばしらの味なのだ。

　ひとつぶのなかに百本ほどの細長い穴が開いているという。細い細い空気をたっぷりふくんだ「霜ばしら」。蔵王《ざおう》の嶺《みね》が冬景色の用意を調えた十月、「今年の冬もそろそろですよ」と季節のはじまりを告げ、春が訪れるとすがたを消してしまう。

ひと冬のうち一度は逢《あ》いたいお菓子である。だいじにひとつぶ、ひとつぶ、静かに味わいたい。ずうっと昔、ランドセルをしょって毛糸のマフラー、毛糸の手袋。寒い朝、元気におもてへ駆け出したあのころの自分にも逢いたい。

一月二十五日
いつものあれ

ぼぼり「牛乳アイス」

「やったっ」

袋から「ぼぼり」のアイスクリームを取りだしたら、とたんに歓声が上がった。

「ど、どうした⁉」

「やっぱり！　みんなで期待してたんですよ。いつもの『牛乳アイス』だといいなって」

わが町、西荻窪「ぼぼり」の牛乳アイスが、今日の私のおもたせである。誰かのうちで集まりがあるときはたいていこれだ。だって、必ずよろこんでもらえるから。

「ぼぼり」のアイスクリームは卵をつかわず乳脂肪分を抑えているから、軽やかな味わい。口のなかに入れると淡雪のようにさらりと溶る。そして、あとにはミルキーなこくが上品な余韻を残す。初めて食べると、みなそれぞれにいろんな表現をするからおもしろい。

「やだ、ちょっと、なにこれ」

ひとさじ舌にのせるなり「やだ」なんて叫ぶから、どっきりする。

「やだあ、こんな軽いアイスクリーム、あたし食べたことない。おいしいわあ」

こどものころの記憶を刺激されるひともいる。

「なつかしいコマーシャル思い出した！　♪ミルキーはママの味」

「ずるいです西荻のひとは。こんなおいしいアイスクリーム、いつも食べてるんですか」

今日もまたうれしいぞ。わが町の株も上がったぞ。

若いひとにも子どもにもお年のひとにも、年齢問わず誰かれなしに評判がいい。そして、締めくくりのデザートは、たとえほかのおもたせと重なっても、困らない。重なったら重なったで、分ける量を少しずつにすれば状況に応じて調節がきく。このアイスクリームはじつに不思議で、スプーンを何度か口に運ぶと、満足が行く。キレがいいというのか、よけいな重さがまったくないというのか、妙にあとを引かないというか。だから、これ。すっかり習慣になってずいぶん経《た》つ。集まりがあるときは十年一日のごとく、「いつもの『牛乳アイス』」である。

手土産は、いつもいつも新しい技を繰り出さなくてもいいのではないか。あのひとは「いつものあれ」。これも立派なひとつの方法で、受け取る側にしてみればあてにする楽しみがある。

あるとき「いつもおなじ店のおなじ味じゃあ芸がないかも」と、デパートで濃厚なチョコレートのアイスクリームを買っていったことがある。上質のカカオの風味がたっぷりで、それなりに気の張る値段で、夕方には売り切れる人気のアイスクリーム。自慢げに「おいしいアイスクリーム持ってきた」と手渡したら、おや。

「あ」

かすかに拍子抜けしている。

「どうかした？」

すると、彼女はおずおずと言ったのだった。

「アイスクリームと聞くと、いつもの、ほら西荻のあのアイスクリームに直結しちゃって。ときどき思い出すんですよ、ヒラマツさんの顔といっしょに」

ああそうだったのか、待っていてくれていたんだ「ぼぼり」の牛乳アイス。

このとき私は思った——違うものばかり選ばなくてもいいのかもしれない。手持ちの技を繰り出してみせることで、いちばん満足しているのは本人かもしれないなあ。それより、みんながよろこんで味わってくれるもの、「たぶんあれ」と待っていてくれるもの。

こうして「ぼぼり」の牛乳アイスは「私のいつもの」になった。定番があれば、その前後が忙しくて動く余裕のないときでも、まごつかなくてすむ。

「わあ、『いつもの』ありがとう。待ってました」

そんなふうに言ってもらえると、なおさらうれしい。

二月十日

どら焼き、待ちます

うさぎや「どら焼き」

いちばん苦手なことはなんですか。そう聞かれたら思い浮かぶことはいろいろあるけれど、筆頭に挙げたいのが、「クリーニング屋で待つ」。

洗濯物を詰めこんだ袋を抱えて、行列のうしろに連なる。四、五人のうしろに連なると、もういけない。わけもなく憮然《ぶぜん》としながら、つとめて平静を装って頭をからにする。ところが、列のいちばん前のおばちゃんがカウンターでつぶやいているのが耳に入る。「このシミとれるかしらねえ。とってもらおうかしらねえ。どうしようかしらねえ」。ああもういけない。

（出直そうかな）

急に弱気になる。

（でも今日を逃すと、来るのが一週間後になっちゃう）

そのうち二番めの男の子が最前列に繰り上がるから、やっぱり待ってみようかと思い直す。サラリーマン一年生はまだ学生気分が抜けないとみえて、寝起きの頭のうしろが鳥の巣になっている。ワイシャツやらスーツやら、これまただんごにしてカウンターにどさっと置くから、店のおばちゃんがかすかにため息をつき、スーツのポケットのなかから十円玉とか名刺とかつぎつぎ発見する。「ポケットの中身、ぜんぶ出してもらえますか」

（あ、ああ……）

彼は、やおらポケットに手を突っこみ、ひとつずつ探りはじめる。

列の最後尾をちからなく離れ、すごすご退散するときの敗北感。脱力感も湧いてくる。夕方あたり、もう一回行ってみようと思うのだが、また行列ができていたらと想像すると二の足を踏んでしまう。

けれども、順番待ちが気にならないときがある。

それが「うさぎや」のどら焼きを買うとき。

阿佐ヶ谷「うさぎや」は、二十数年来馴染《なじ》んだ店である。阿佐ヶ谷に住んでいたときは晴れの日も雨の日も年中店の前を通った。阿佐ヶ谷を離れて数駅先に住むようになっても、ことあるごとに「うさぎや」を訪ねてきた親しい「地元の店」なのだ。

ただし、ハードルがひとつ、ある。「うさぎや」を訪ねるときはたいてい午前十時から十一時あたり、じつはその時間帯こそ「行列の時間」。お遣いものの上生菓子、おだんご、どら焼き、お赤飯……どれも今朝のつくりたて、できたてほやほやの味。ガラスケースの前にわらわらと人が立ち、自分の番を待っている。

けれども、なぜだろう。「うさぎや」の行列がちっとも苦にならない。それどころか、木枠のガラス戸をがらりと開け、店のなかに入ってお客さんといっしょに「うさぎや」の空気になる。それがいつもうれしい。

江戸小紋にとび色の羽織、畳表の草履《ぞうり》の老婦人は、お茶のお稽古《けいこ》かしら。

「上生菓子、十二個包んでくださいい。熨斗《のし》はいりません、紙袋も結構ですよ」

勘定をすませて箱入りの包みを受け取ると、手提げから風呂敷《ふろしき》を取り出して、馴れた様子でささっと広げて包むのだった。

つぎの番はジャンパーを着込んだおじいちゃんだ。

「ええとねえ、赤飯と草だんごをね、ひとつずつ」

熱い煎茶《せんちゃ》といっしょにお赤飯が並ぶ様子が目に浮かぶ。

「あたし、どら焼き二つと草だんご」

「どら焼き八つ包んでちょうだい。お遣いものじゃないから、うちでいただくから」

「電話で予約したタカギです。ええ、どら焼き六つをふた包み」

あちこちからかかる注文をさばいて、くるくる動く店の女性たちの応対も「うさぎや」流。そっけなくもない、慇懃《いんぎん》無礼でもない、てきぱきむだなく迅速第一。だから、行列ができていても、ことの進みようが早い。混雑しているのに、入ってくるお客、品物を持って帰っていくお客、流れよく入れ替わる。見事なものである。それを知っているから、阿佐ヶ谷駅から細い商店街を進んでガラス戸の向うの混雑を目にしても、「あ、今日もまた」。

さあ五番め、ようやく私の順番だ。

「お待たせしました。いかがなさいます」

「どら焼き、十二個お願いします」

「はい、どら焼き十二個」

数が多いのは、わけがある。今日のどら焼きは、引越しの差し入れなのだ。疲れのとれる甘いもの、食べごたえがあるもの、時間が経《た》ってもおいしいもの——そうかんがえたら「うさぎや」のどら焼きがいちばんだと思いたち、阿佐ヶ谷で途中下車して買いに来た。でも、じつは駅を出たあたりでひやひやしていたのだ。朝、電話で予約しておけばよかったな。早いときはお昼すぎに売り切れることが多いから。

ぶじに十二個、ずっしり持ち重りのする包みを提げて、ガラス戸を開ける。そのときブレーキの音をきゅーっと立てて、若いお母さんの自転車が停まった。子ども用の椅子《いす》には黄色い帽子をかぶった幼稚園の女の子。もうお迎えの時間なのだ。この子のおやつは、あんこたっぷりのどら焼きかな、それともむちむちのおだんご。

おもたせ道案内

商品の価格は２０１０年６月現在のものです。一部を除いて本体価格（税別）で表示しています。

三月五日（81ページ）

笹巻けぬきすし総本店「笹巻けぬきすし」1折（15個入り）3、076円（税込み）

営業時間＝午前9時〜午後7時　定休日＝日曜、祝日（電話で確認）

最寄り駅＝地下鉄都営新宿線小川町、千代田線新御茶ノ水

〒101―0052　東京都千代田区神田小川町2―12

電話03（3291）2570

三月十七日（85ページ）

桃林堂青山店「小鯛焼」7個かご入り1、640円

営業時間＝午前10時〜午後7時　定休日＝年中無休（1月1日〜3日を除く）

最寄り駅＝地下鉄千代田線&銀座線&半蔵門線表参道

〒107―0061　東京都港区北青山3―6―12

電話03（3400）8703

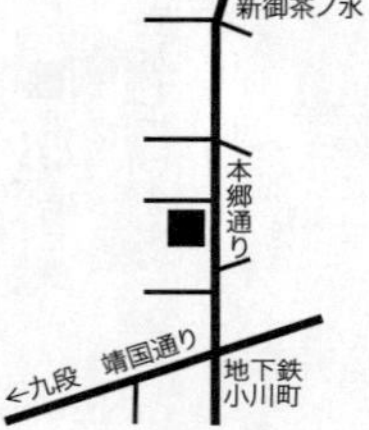

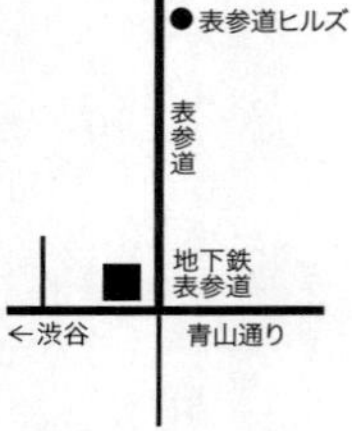

四月三日（95ページ）
塩野「花衣」ほか　1個350円〜
営業時間＝平日午前9時〜午後7時、土曜、祝日午前9時〜午後5時　定休日＝日曜
最寄り駅＝地下鉄千代田線赤坂、銀座線&南北線溜池山王、銀座線&丸ノ内線赤坂見附
〒107―0052　東京都港区赤坂2―13―2
電話03（3582）1881

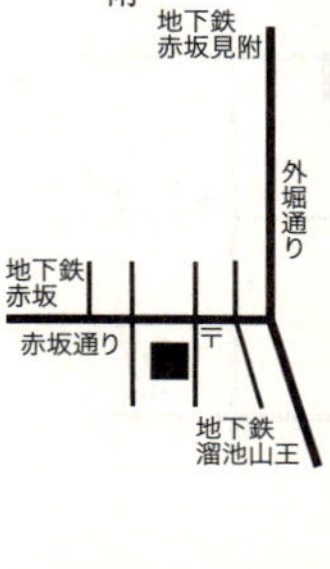

四月八日（99ページ）
浜田海産物店「ちりめんじゃこ」1袋（100グラム入り）300円
または400円（入荷量により変動）
営業時間＝午前7時〜午後4時
〒788―0021　高知県宿毛市池島1126―7
電話0880（65）7101（工場）

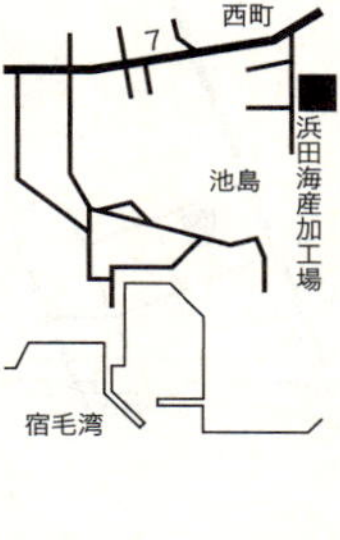

四月十一日（104ページ）
洋菓子の店オオサワ「ガーナ」1個230円（税込み）、8個入りギフト箱2、040円（税込み）
営業時間＝午前10時～午後7時　定休日＝水曜
店舗は地下1階移転に伴い、その後改装。販売中心になりました。
最寄り駅＝JR中央線吉祥寺
〒180―0004　東京都武蔵野市吉祥寺本町1―8―16　F&Fビル地下1階
電話0422（22）5813

四月十三日（108ページ）
森奈良漬店「きざみ奈良漬」1袋（150グラム入り）365円（税込み）
営業時間＝午前9時～午後6時　定休日＝年中無休
最寄り駅＝近鉄線近鉄奈良
〒630―8212　奈良県奈良市春日野町23
電話0742（26）2063

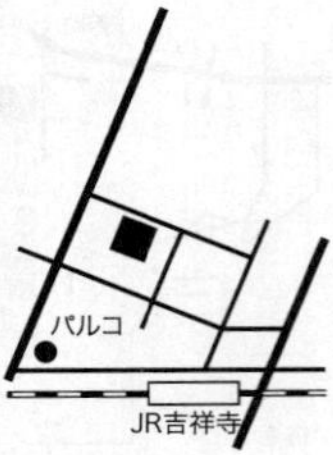

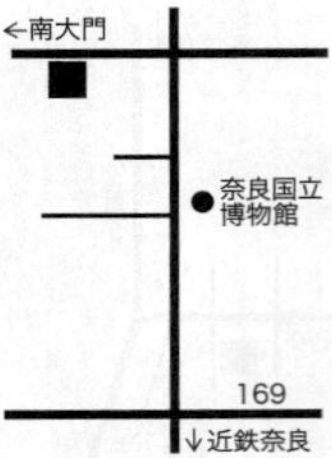

四月三十日（113ページ）

岬屋「水仙粽」「羊羹粽」各5本1束1、800円

営業時間＝午前9時〜午後7時　定休日＝日曜

最寄り駅＝地下鉄千代田線代々木公園、小田急線代々木八幡、京王線駒場東大前

〒151—0063　東京都渋谷区富ヶ谷2—17—7

電話03（3467）8468

五月九日（117ページ）

うさぎや「草だんご」1パック580円（税込み）

営業時間＝午前9時〜午後7時　定休日＝土曜、第3金曜

最寄り駅＝JR中央線阿佐ケ谷

〒166—0001　東京都杉並区阿佐谷北1—3—7

電話03（3338）9230

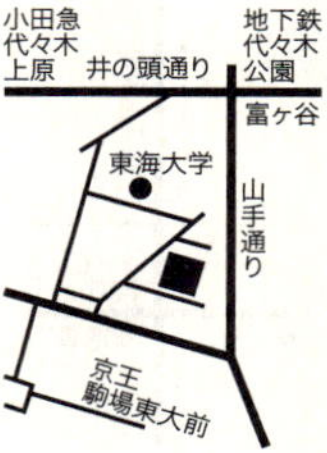

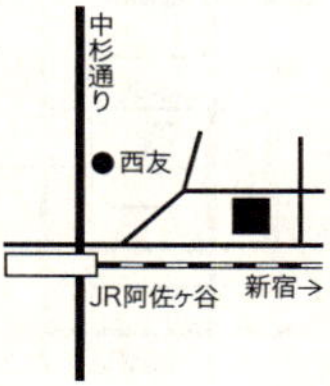

五月十八日（121ページ）
フルーツパーラーレモン「フルーツサンドウィッチ」1箱（1人前）900円
営業時間＝午前10時〜午後8時　定休日＝不定休
最寄り駅＝地下鉄都営浅草線＆銀座線＆東西線日本橋
〒103−8265　東京都中央区日本橋2−4−1　日本橋高島屋地下1階
電話03（3211）4111（代表）

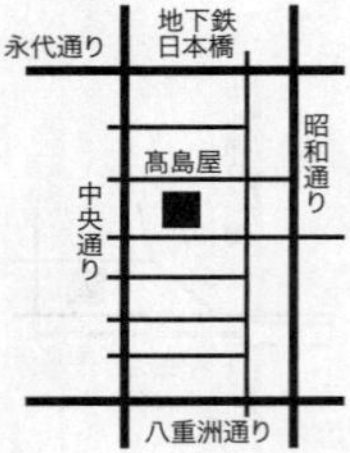

五月二十日（124ページ）
ローザー洋菓子店「クッキー詰合せ」3、000円より
営業時間＝午前9時30分〜午後5時　定休日＝土曜、日曜、祝日
最寄り駅＝地下鉄半蔵門線半蔵門
〒102−0083　東京都千代田区麹町2−2
電話03（3261）2971

五月二十五日（129ページ）
夢飯「海南チキンライス」ランチボックス（中サイズ）780円
営業時間＝午前11時～午後11時　定休日＝不定休（正月休みのみ）
最寄り駅＝JR中央線西荻窪
〒167―0042　東京都杉並区西荻北3―21―2
電話03（3394）9191

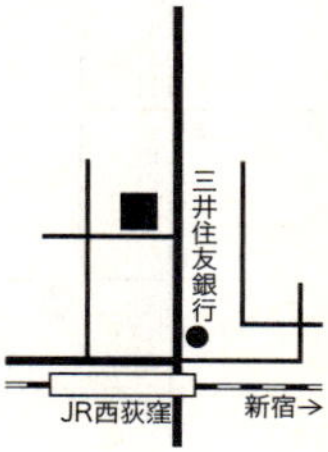

五月二十八日（134ページ）
錦戸「まつのはこんぶ」2瓶（1瓶145グラム入り）箱詰め8、000円
営業時間＝午前10時～午後7時　定休日＝日曜、祝日、第3土曜
最寄り駅＝地下鉄御堂筋線&中央線&四つ橋線本町駅
〒550―0013　大阪市西区新町1―16―11　錦戸ビル
電話06（6541）0908

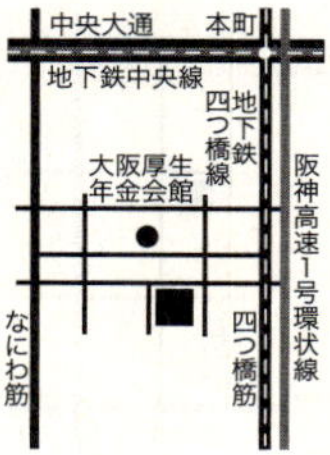

六月七日（142ページ）
末富「華ふうせん」1缶950円
営業時間＝午前9時〜午後5時　定休日＝日曜、祝日
最寄り駅＝地下鉄烏丸線五条
〒600—8427　京都市下京区松原通室町東入玉津島町295
電話075（351）0808

六月十一日（145ページ）
かん袋「くるみ餅」陶器の壺入り（3人前）1、500円、ポット入り（2人前）760円
営業時間＝午前10時〜午後5時　定休日＝火曜、水曜（祝日の場合は営業）
最寄り駅＝阪堺電気軌道阪堺線寺地町
〒590—0964　堺市堺区新在家町東1—2—1
電話072（233）1218

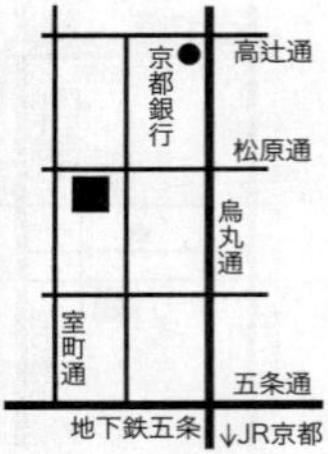

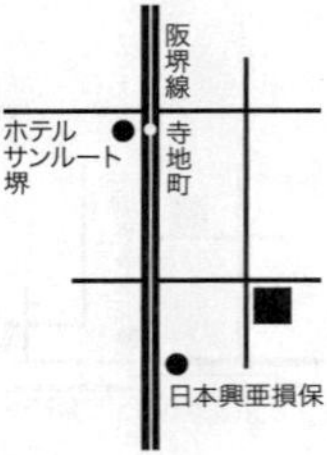

六月二十一日（153ページ）

八竹「バラずし」1折1、240円（税込み）

営業時間＝午前9時〜午後5時（オーダーストップ）　定休日＝火曜、月1回月曜

最寄り駅＝地下鉄千代田線&副都心線明治神宮前、JR山手線原宿

〒150—0001　東京都渋谷区神宮前6—29—4

電話03（3407）5858

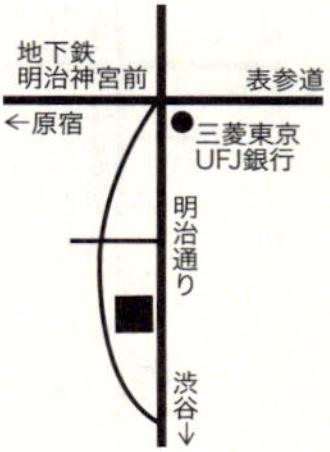

六月二十六日（158ページ）

ぎぼし「とろろ昆布とおぼろ昆布」

白、黒のとろろ昆布、おぼろ昆布の詰合せ2、940円（税込み）

営業時間＝午前9時〜午後5時30分　定休日＝日曜、祝日

最寄り駅＝阪急電鉄京都線烏丸、地下鉄烏丸線四条

〒600—8006　京都市下京区柳馬場通四条上ル立売中之町108

電話075（221）2824

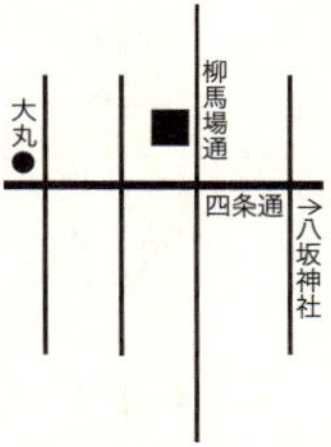

六月二十九日（164ページ）
松花堂「あがり羊羹」1本1、260円（税込み）
営業時間＝午前9時～午後5時　定休日＝月曜
最寄り駅＝JR横須賀線北鎌倉
〒247―0062　神奈川県鎌倉市山ノ内1340
電話0467（22）6756

六月三十日（168ページ）
アジアスーパーストア「フレッシュハーブ」1袋（トムヤムクンセット）380円、「カオタン（KHAOTAN）」600円
営業時間＝午前9時～午前0時　定休日＝年中無休
最寄り駅＝地下鉄都営大江戸線東新宿
〒169―0072　東京都新宿区大久保1―1―11　コントワール新宿ビル212号
電話03（3208）9199

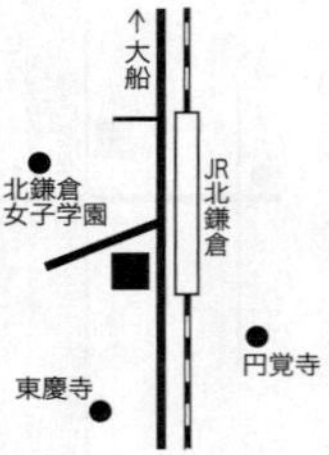

七月一日（173ページ）

天文館むじゃき「白熊」1個（750ミリリットル入り）683円

営業時間＝午前11時～午後10時（日曜、祝日、7月～8月は午前10時～）

定休日＝12月31日

最寄り駅＝市電天文館通

〒892―0843　鹿児島県鹿児島市千日町5―8

電話099（222）6904

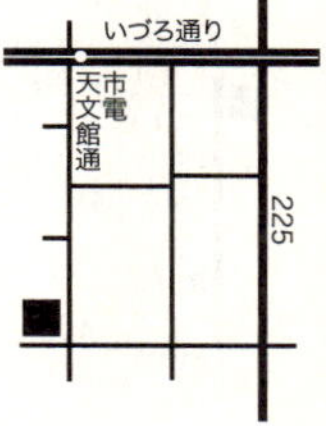

七月六日（178ページ）

パミスファーム　沖縄産甘熟トマト「紅ゆら」

2009年冬に営業終了。商品への問い合わせは左記に。

〒903―0805　沖縄県那覇市首里鳥堀町5―11

電話098（887）6110

FAX098（881）6130

七月十二日（１８２ページ）
銀座わしたショップ「泡盛、ゴーヤーなど」
営業時間＝午前10時30分～午後8時　定休日＝年中無休（年始を除く）
最寄り駅＝地下鉄有楽町線銀座一丁目または有楽町、ＪＲ山手線有楽町
〒１０４—００６１　東京都中央区銀座１—３—９
マルイト銀座ビル１階・地下１階　電話03（３５３５）６９９１

七月十四日（１８７ページ）
龍神自然食品センター「梅干し」丸樽（1キログラム入り）3、１００円、
「龍神梅のしずく」1本（７００ミリリットル入り）2、０００円
営業時間＝午前8時～午後5時　定休日＝日曜、祝日
〒６４５—０４１５　和歌山県田辺市龍神村西２３０
電話０７３９（78）２０６０

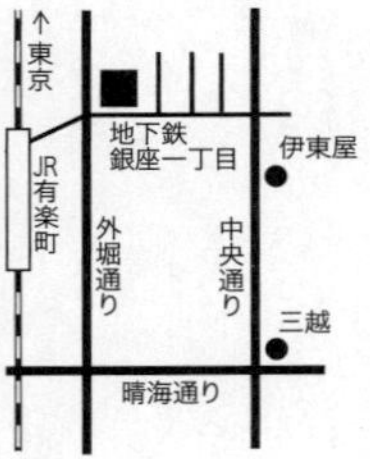

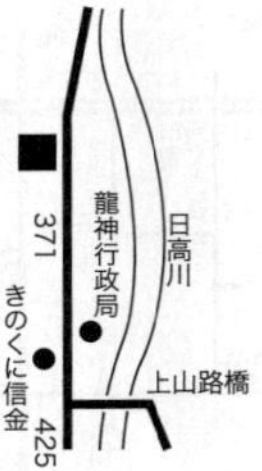

七月十九日（191ページ）
水なすのただやす「水茄子太郎」1箱6個入り2、000円
営業時間＝午前10時〜午後7時　定休日＝日曜
最寄り駅＝JR阪和線和泉砂川
〒590―0522　大阪府泉南市信達牧野736
電話072（483）2845

七月二十七日（195ページ）
末富「両判」1缶（20枚入り）1、000円
問合せ先は六月七日「華ふうせん」参照

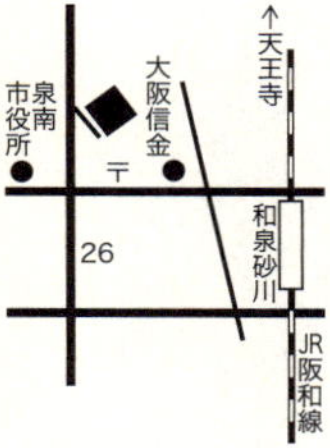

七月三十一日（200ページ）

竹中缶詰「ホタテ貝柱くん製油づけ」1缶670円、「オイルサーディン」1缶400円、「かきくん製油づけ」1缶600円

営業時間＝午前9時〜午後5時　定休日＝土曜、日曜、祝日

〒626—0052　京都府宮津市字小田宿野160—3

電話0772（25）0500

八月三日（204ページ）

八竹「大阪鮓」1人折1、260円（税込み）

問合せ先は六月二十一日「バラずし」参照

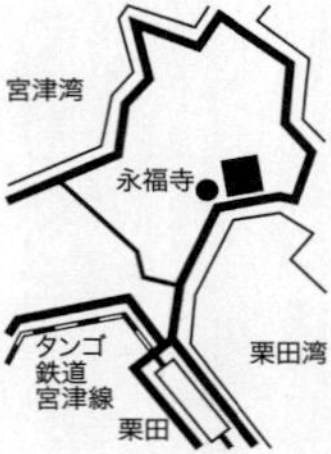

八月五日（２０９ページ）
チョウシ屋「コロッケサンド」１個２５０円（税込み）
営業時間＝午前11時～午後２時30分、午後４時～６時　定休日＝土曜、日曜、祝日
最寄り駅＝地下鉄日比谷線＆都営浅草線東銀座
〒１０４―００６１　東京都中央区銀座３―11―６
電話03（３５４１）２９８２

九月十日（２１４ページ）
ジャン＝ポール・エヴァン「マカロン」１個２１０円（税込み）、16個入り３、３６０円（税込み）
営業時間＝午前10時～午後８時　定休日＝不定休
最寄り駅＝地下鉄丸ノ内線＆都営新宿線＆副都心線新宿三丁目
〒１６０―００２２　東京都新宿区新宿３―14―１　伊勢丹新宿店地下１階
電話03（３３５２）１１１１（代表）

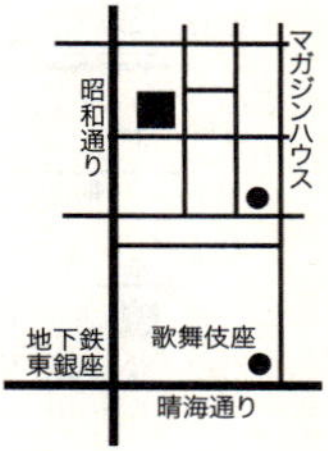

九月二十三日（２１９ページ）
大黒屋鎌餅本舗「鎌餅」15個入り箱詰め３、４１０円
営業時間＝午前８時30分〜午後８時　定休日＝第１、第３水曜（祝日の場合は営業）
最寄り駅＝地下鉄烏丸線今出川、京阪電鉄鴨東線出町柳
〒６０２—０８０３　京都市上京区寺町通今出川上ル４丁目阿弥陀寺前町25
電話０７５（２３１）１４９５

十月二日（２２４ページ）
すや「栗きんとん」20個入り箱詰め４、２００円（販売時期９月〜翌年２月）
営業時間＝午前８時〜午後８時　定休日＝水曜（９月〜12月は無休）
最寄り駅＝ＪＲ中央本線中津川
〒５０８—００３８　岐阜県中津川市新町２—40
電話０５７３（65）２０７８

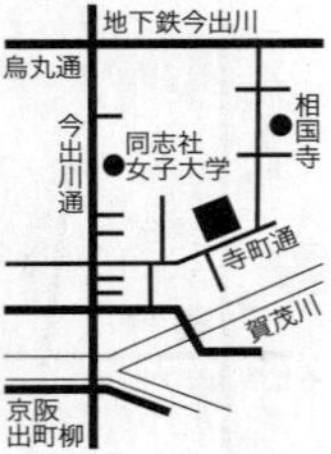

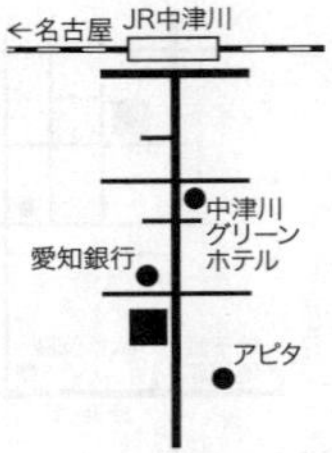

十月六日（２２９ページ）
しろたえ「レアチーズケーキ」１本２、０００円
営業時間＝午前10時30分〜午後８時30分（祝日は午後８時まで）　定休日＝日曜
最寄り駅＝地下鉄銀座線&丸ノ内線赤坂見附
〒１０７—００５２　東京都港区赤坂４—１—４
電話03（３５８６）９０３９

十月七日（２３２ページ）
竹むら「揚げまんじゅう」６個箱詰め１、３５０円
営業時間＝午前11時〜午後８時　定休日＝日曜、祝日
最寄り駅＝地下鉄都営新宿線小川町、丸ノ内線淡路町
〒１０１—００４１　東京都千代田区神田須田町１—19
電話03（３２５１）２３２８

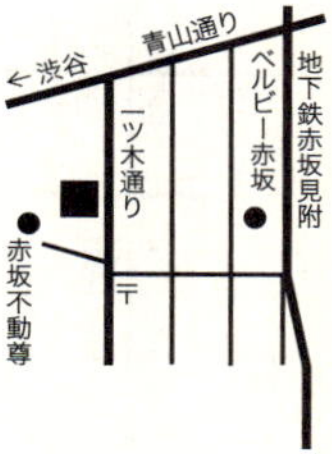

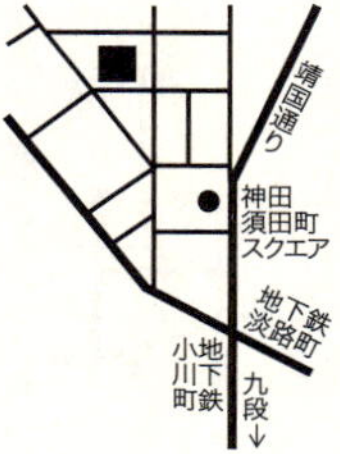

十月十五日（２３６ページ）
儀間武子製「みそピー」１袋３００円
営業時間＝午前7時〜午後11時　定休日＝年中無休
〒９０５―０５０１　沖縄県国頭郡伊江村字東江上１５５　ホテルヒルトップ
電話０９８０（49）２３４１

十月二十四日（２３９ページ）
韓国広場「自家製白菜キムチ」１袋（１キログラム入り）８００円、
「チョンガ　白キムチ（水キムチ）」１袋（５００グラム入り）５００円
営業時間＝24時間　定休日＝年中無休
最寄り駅＝地下鉄都営大江戸線&副都心線東新宿
〒１６０―００２１　東京都新宿区歌舞伎町２―31―11
電話03（３２３２）９３３０（売場直通）

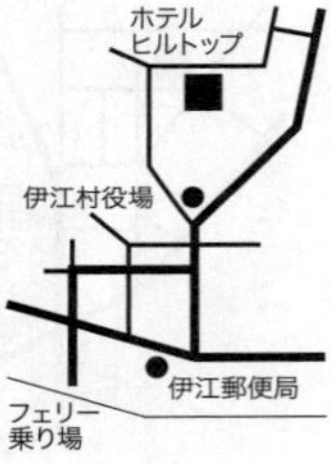

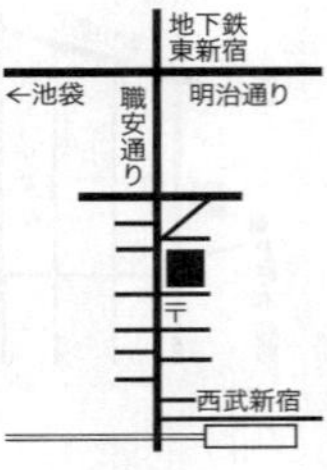

十月三十一日（243ページ）
柏水堂「フィグケーキ」1個270円、8個入り箱詰め2、500円
営業時間＝午前9時30分～午後7時　定休日＝日曜、祝日
最寄り駅＝地下鉄都営新宿線＆都営三田線＆半蔵門線神保町
〒101―0051　東京都千代田区神田神保町1―10
電話03（3295）1208

十一月四日（246ページ）
紀ノ国屋インターナショナル「DUCHY　ORIGINALS」1箱714円
営業時間＝午前9時30分～午後9時　定休日＝年中無休
最寄り駅＝地下鉄千代田線＆銀座線＆半蔵門線表参道
〒107―0061　東京都港区北青山3―11―7　Aoビル地下1階
電話03（3409）1231

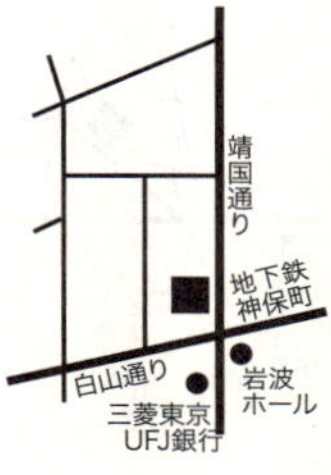

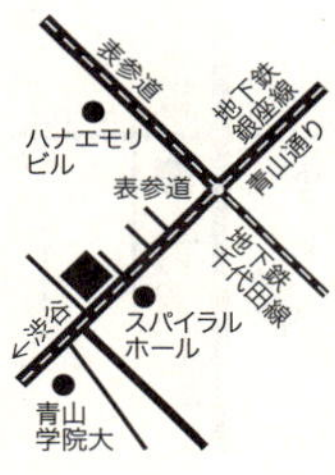

十二月十二日（270ページ）
半兵衛麩「禅」1袋998円（税込み）
営業時間＝午前9時〜午後5時　定休日＝年末年始
最寄り駅＝京阪電鉄本線清水五条
〒605―0903　京都市東山区問屋町通五条下ル2丁目上人町433
電話075（525）0008

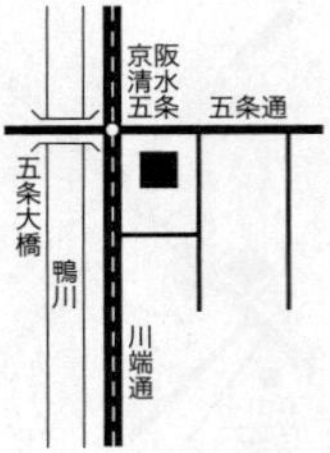

十二月十五日（274ページ）
イエンセン「デニッシュペストリー」1個90円〜
営業時間＝午前6時50分〜午後7時（土曜は午後4時まで）　定休日＝日曜、祝日
最寄り駅＝地下鉄千代田線代々木公園、小田急線代々木八幡
〒151―0062　東京都渋谷区元代々木町4―2
電話03（3465）7843

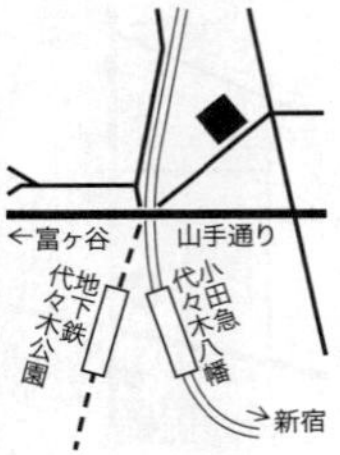

十二月二十六日（２７９ページ）
神亀酒造「酒粕」板粕１袋５８０円（税込み）　小売店（小川原商事）
営業時間＝午前９時〜午後６時（祝日は午前10時〜午後４時）　定休日＝年中無休
最寄り駅＝ＪＲ宇都宮線蓮田
〒３４９—０１１４　埼玉県蓮田市馬込１９７７—２
電話０４８（７６８）７１１５

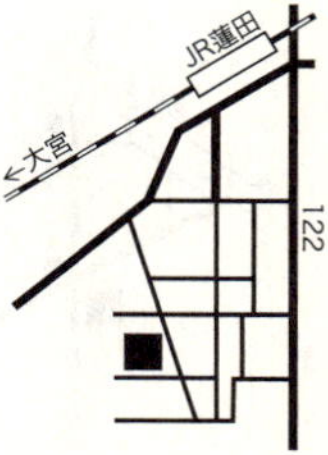

一月八日（２８９ページ）
八百源来弘堂「肉桂餅」10個入り２、３００円（税込み）
営業時間＝午前９時〜午後５時　定休日＝月曜、不定休＝日曜
最寄り駅＝阪堺電気軌道阪堺線花田口
〒５９０—０９４３　堺市堺区車之町東２—１—11
電話・ＦＡＸ０７２（２３２）３８３５
http://www.yaogen.com

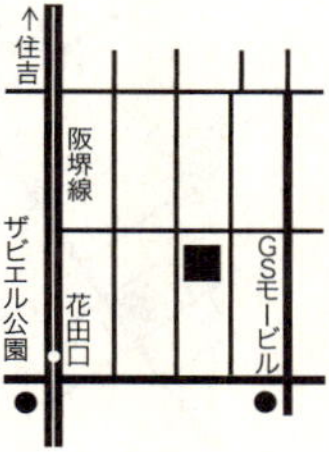

一月十七日（293ページ）
九重本舗玉澤「霜ばしら」1缶1、500円（販売時期10月〜翌年4月）
営業時間＝午前9時〜午後5時　定休日＝日曜
アクセス＝JR仙石線あおば通、地下鉄仙台からタクシー利用。
〒982—0003　仙台市太白区郡山4—2—1
電話022（246）3211

一月二十五日（297ページ）
アイスクリーム工房ぽぽり「牛乳アイス」（しぼりたて牛乳アイスといちごミルクアイスの組合せ500ミリリットル入り）1、250円
営業時間＝午前11時〜午後10時（売切れ次第終了）
定休日＝月曜（祝日の場合は営業。翌火曜振替え休業）
最寄り駅＝JR中央線西荻窪
〒167—0053　東京都杉並区西荻南2—23—8
電話03（3333）9910

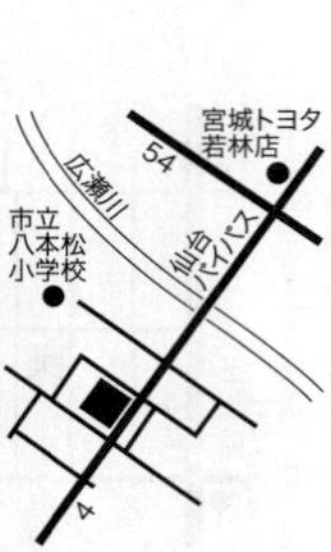

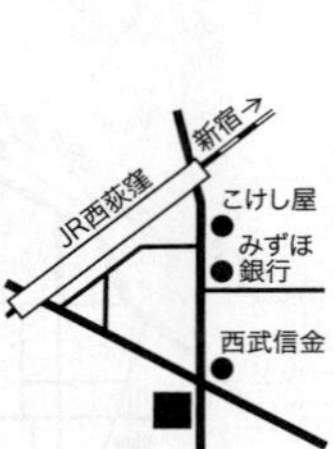

二月十日（３０１ページ）
うさぎや「どら焼き」１個１７０円（税込み）
問合せ先は五月九日「草だんご」参照

あとがき

「せっかくですから、おひとついかがですか」

そう声をかけられると、差し出された饅頭《まんじゅう》とお茶に気を引かれて、浮かしかけた腰を思わずすとんと下ろしてしまう。せっかくですから、といういっけん曖昧《あいまい》な言葉のなかに、じつはいろんな気持ちが混じっている。そこを汲《く》みとると、急《せ》いたつもりになっていたほんの数分数十分などなんということはない。

ぱっきりとしていない、つまり意味をふくんだ言葉というものは、受け取りようひとつでおおきくふくらみもするが、逆に萎《しぼ》みもする。言葉というものはお互いの関係のなかで育ったり痩《や》せたり、呼吸のやりとりのなかで息吹《いぶき》を与えられている。

おもたせという言葉もまた、おなじである。もってきてもらったもの、ではなく、おもたせ。そのやわらかな響きには、手にした側のありがたさ、うれしさ、晴れがましさ、すこしばかりの申しわけなさ……気持ちの綾《あや》が織りこまれている。そして、差し上げた側の気持ちをも包みこんでいる。

耳にやさしい言葉なのだ、おもたせは。

「おもたせになってしまってすみませんけれど、開けさせていただいてよろしいですか。いまお茶を淹《い》れますので」

「ええ、もう、ぜひ」

ああよろこんでくださっているのだと安心する。私もご相伴にあずかれると思うと、がぜんうれしくなる。だって、この自分も好きだから選んだのだもの。目の前で包みを開けながら、そこを言葉でふっくら包んでくださってありがとう。

暮らしというものは、まるで日めくり暦のようだ。昨日いちにち、今日いちにち、明日いちにち、めくって、過ごして、新たにまためくって。かならず去っていくからこそ、たったいまをぎゅっとつかんで引き寄せたい。ふくよかな言葉であたたかい血を通わせてみたい。

おもたせは、ひとも時間もずいぶんゆっくりと流れていたあのころ、大正や昭和の言葉である。そして「おもたせ暦」は、いつの時代にも変わることのない、ひととひととの往来帖《ちょう》のようなものだ。

小泉佳春さんの写真には、暦の厚みもいっしょに写しこまれている。揺れを秘めた空気は、手から手へ渡る瞬間のこころの動きのようだ。さらに、若山嘉代子さんのデザインと装幀は、すべてを受けとめる端正な包み紙を思わせる。いそいそ買いに走るときの道しるべには、飯島満さんの地図を足がかりに。なおこの一冊は「文化出版局」成川加名予さんに終始お世話になった。ありがとうございました。

平松洋子

文庫版あとがきにかえて――日常のよろこびを、想《おも》う

好きな本がたくさんある。そして、好きな本は繰りかえし何度でも読む。ふとしたとき急に思い出したように指がもとめてしまうので、癖みたいなものかもしれない。自分でも「ちょっとへんじゃないか」と思うくらい、何度読んでもまったく飽きない。旅先にもそのときどき、まだ読んでいない新しい本とすでに読んだ古い本を両方混ぜてバッグに入れて出かけるので、古い本のほうはそのうちぼろぼろになってしまい、また新しく買い足すこともある。本棚におなじ文庫本が新旧なかよく並んでいる様子も、またうれしい。

ライナスの毛布にも似ているかもしれない。スヌーピーの漫画にでてくるルーシーの弟ライナスが、いつも端っこをきゅっと握りしめている安心の毛布。この毛布さえあれば、内気なライナスもどうにかやっていけるから、スヌーピーにちょっかいを出

されて奪われたりするとはらはらしてしまう。でも、毛布はライナスのもとにかならず戻ってくる。わたしにとって本は、まさにそのような拠《よ》りどころであり、だいじな友だちなのだ。

さて、好きな本の話である。そのうちの一冊に庄野潤三《しょうのじゅんぞう》『ピアノの音』がある。ほかにも『夕べの雲』『庭のつるばら』『うさぎのミミリー』も好きだし、それよりもっと以前に書かれた『プールサイド小景』も『ザボンの花』ももちろん読む。しかし、やっぱり『ピアノの音』にもどる。はじめて触れた庄野潤三の作品が『ピアノの音』だったというきわめてわかりやすい理由なのだろうけれど、そのときこの一冊がすーっと沁《し》みこむようにからだのなかに入ってき、以来、わたしのなかに居場所ができて何年も動かない。

『ピアノの音』は、こどもらが結婚して孫もでき、妻とふたりで暮らしを営む老境の日々を描く作品である。『メジロの来る庭』『けい子ちゃんのゆかた』などが連なる一連の作品には、人生の晩期を迎えた夫婦のしずかな日々が平明な文章で淡々と綴《つづ》られる。変わらず登場するのは、庭に来る鳥や咲く花のようす、こどもたちの家族や近所のひとびととの交流、夜中に吹くハーモニカやピアノの稽古《けいこ》。つまり、なんでもない身のまわりのこと。

しかし、ページをめくると、もうなんども読んでいるのにいつも清澄《せいちょう》な気持ちをおぼえる。とりわけこころの奥底へふかぶかと沁みこんでくるのは、暮らしのなかに行き交うさまざまな食べものの存在である。

古田さんのおみやげのこと。よくお惣菜《そうざい》を小鉢に入れて届けて下さる（それがみなおいしい）古田さんが夕方、玄関へ来て、ご主人が鹿児島に出張していて今日帰ったといい、鹿児島のおみやげのさつまあげとお菓子の「かるかん」を下さった。有難い。

おだやかな日常にぱあっと光が射しこむ。ありがたくて、うれしくて、おいしい。その感情が日常にふっくらとした陰影を与える。それにしても、『ピアノの音』にはなんとたくさんの食べものが往来することだろう。

清水さんのピオーネ。古田さんからさつまあげを頂いた次の日、いつも畑で丹精したばらを届けてよろこばせて下さる清水さんが来て、お国の伊予から届いた種なし葡萄《ぶどう》のピオーネを下さる。

玄関へ出て行って、

「去年の夏、おいしく頂きました」

といってお礼を申し上げる。大きいのを三房も下さった。去年の夏は格別暑かった。

九月にはいって古田さんから届いた冬瓜《とうがん》のあんかけ、または朴葉《ほおば》みそ。「大阪の学校友達の村木」が送ってくれる荷には、その年に収穫したものが詰めこまれている。箱を開けてみると、あるときはカリフラワー、かぶら、葱《ねぎ》、白菜、キャベツ、食べきれないほどたくさん。それらをこんどは一種類ずつ小分けにして新聞紙に包み、まず近所の清水さんのお宅におすそわけをしにゆく。さつまいもが届いたときには、こんなメモが入っている。「ところで出来の悪いさつまいもですが、少々お送りします。ねずみの尻尾のようなのは、丸のまま電子レンジで温めたらいけるようです」。「神戸の学校友達の松井」からは神戸牛ロース肉が届く。ある日曜日、次男の家に遊びにゆくとき持っていくのは焼きたてのフルーツケーキと栗。お彼岸のおはぎ。こどもたちから届く荷にも、食べものはかならず入っている。それらをもちろんおいしく味わうのだが、その情景を通して読む者のこころにしずかに手渡されるのは、食べものの向こうにある「ひとの存在」である。十年一日のごとく重なってゆく日々にあって、家族や旧知の友人、近所のひとびととのあいだで行き来する食べものがたしかな結び目になっている。もちろん、老夫婦はそのことに想いを馳《は》せながら、ていねいに皮をむいたピオーネのひとつぶを口に運ぶのである。

日常に息吹《いぶき》を与えているのは、食べものばかりではない。庭に咲くブルームーン。もう終わったかとあきらめていたのに、鉢にふたつ咲いた夕顔。ムラサキシキブの枝には牛肉の脂身を詰めた籠《かご》が吊《つる》してある。そこにやって来る四十雀《しじゅうから》。あるときはメジロ二羽もやってきて、脂身をつつく。元旦には雉鳩《きじばと》が水盤に来て、くちばしを突っこんで何度も水を飲む。四季折々わが暮らしに訪れ来る自然の風物に注ぐ視線のやわらかさ、おだやかさ。ひととの交わりをつなぐ食べものにも、自然との交歓をもたらす花や木々や鳥たちにも、または年末におこなう年に一度の仕事机の拭《ふ》き掃除にも変わらぬ視線が注がれ、文章に綴られることで明日へつながってゆく。

『ピアノの音』を読みながら、いつも想うことがある。日常は、いつも変わらずそこにあるもののようでいて、いっぽう、いつでも不意におしまいを告げるものでもある。それをさみしいこと、つらいこと、無情なこととして捉《とら》えるのではなく、庄野潤三の目は、いつの日か訪れ来るあたりまえのこと、ふつうのことのようにして受け取っている。つまり、日常のおしまいが厳しく見据えられているのだ。だからこそ、身のまわりのもの、ささやかなものすべてにこのようなきめこまやかな光が当てられてゆくのだろう。ところで、夫婦は夜になるとピアノのおさらいをし、ハーモニカを吹くのがならいである。

次の晩も、妻はピアノのおさらいを終ると、ハーモニカの箱を持って来て、居間の机の上に置く。ハーモニカに合せて「故郷《ふるさと》」を歌う。一番から三番まで歌う。次の日もハーモニカを持って来る。で、一日の終りにハーモニカに合せて「故郷」を歌うのがきまりになってしまった。

「紅葉」「赤蜻蛉《あかとんぼ》」「われは海の子」「春の小川」「アニー・ローリー」「冬の夜」……夜ごと、さまざまな曲をハーモニカで吹き、歌う。「山の上」の家に、ピアノで「ル・クッペ」の練習曲やブルグミュラーを稽古する音が響く。そして、長女に送る箱のなかにはパンや紅茶、きゅうり、ほうれん草、小松菜などの野菜といっしょに、「きれいな表紙のついた『星に願いを』の楽譜」を添えるのだった。

日常のよろこびとはなんだろうと想いをめぐらせていたら、『ピアノの音』がまた読みたくなった。いつものようにページを開くと、古田さんの朴葉みそ、清水さんのピオーネ、おもたせのケーキ。ピアノの音、ハーモニカの音色も耳に響く。一冊のなかで紡《つむ》がれる日常のありように触れて、こころが開く。平明で、悠々とした文章を旨とした作家庄野潤三は一九二一年（大正十年）に生まれ、そして二〇〇九年（平成二十一年）、八十八歳でその生涯をおえた。日常のつづきを生きるかのように、おだやかに生をおえた。

文庫版に際して『おもたせ暦』のあとがきとしては、ずいぶんふうがわりなものになってしまった。でも、ひさしぶりに自著に目を通し、井戸の奥の水面に自分を映しこむようにしてのぞきこんだら、いちばん書きたくなったのが『ピアノの音』の一冊のことだったのである。

文庫化にあたり、文庫編集部・古浦郁氏にたいへんお世話になった。こころからお礼を申し上げたい。

二〇一〇年　紫陽花《あじさい》の季節に

撮影　小泉佳春

地図製作　飯島　満

この作品は二〇〇六年十二月文化出版局より刊行された。

平松洋子著
おいしい日常
おいしいごはんのためならば。小さな工夫から愛用の調味料、各地の美味探求まで、舌が悦ぶ極上の日々を大公開。

平松洋子著
平松洋子の台所
電子レンジは追放！　鉄瓶の白湯、石釜で炊くごはん、李朝の灯火器……暮らしの達人が綴る、愛用の台所道具をめぐる59の物語。

庄野潤三著
プールサイド小景・静物
芥川賞・新潮社文学賞受賞

突然解雇されて子供とプールで遊ぶ夫とそれを見つめる妻――ささやかな幸福の脆さを描く芥川賞受賞作「プールサイド小景」等7編。

庄野潤三著
庭のつるばら
丘の上に二人きりで暮らす老夫婦と、たくさんの孫、ピアノの調べ、ハーモニカの音色。「家族」の原風景を紡ぐ、庄野文学五十年の結実。

庄野潤三著
けい子ちゃんのゆかた
孫の成長を喜び、庭に来る鳥たちに語りかけ、隣人との交歓を慈しむ穏やかな日々。老夫婦のほのぼのとした晩年を描く連作第十作目。

荒川洋治著
ラブシーンの言葉
睦みあうからだとからだが奏でる愛の音楽を、現代詩作家が熟読玩味。人生の歓びをおおらかに肯定する最新官能文学ウォッチング。

西村淳著
面白南極料理人
第38次越冬隊として8人の仲間と暮した抱腹絶倒の毎日を、詳細に、いい加減に報告する南極日記。日本でも役立つ南極料理レシピ付。

西村淳著
面白南極料理人
笑う食卓
息をするのも一苦労、気温マイナス80度の抱腹絶倒南極日記第2弾。日本一笑えるレシピ付。寒くておいしい日々が、また始まります。

西川治著
世界ぐるっと朝食紀行
旅先の朝食は最高。うまいだけじゃない。その国のことをさらに深く教えてくれるのだ。カラー写真満載で綴る世界各国の朝食の記録。

西川治著
世界ぐるっとほろ酔い紀行
ベトナムのドブロク、沖縄の泡盛。ギリシャではウゾーで乾杯、ローマでグラッパに潰れる。写真満載でつづられる世界各国の酒と肴。

森下典子著
日日是好日
—「お茶」が教えてくれた15のしあわせ—
五感で季節を味わう喜び、いま自分が生きている満足感、人生の時間の奥深さ……。「お茶」に出会って知った、発見と感動の体験記。

大阪あべの辻調理師専門学校編
料理材料の基礎知識
日本料理、フランス料理、イタリア料理、中国料理などに使われる、野菜、魚介、肉など七〇〇余種類の料理材料を写真と文章で紹介。

紅山雪夫著
ヨーロッパ ものしり紀行
―《神話・キリスト教》編―

美術館や教会で絵画や彫刻を見るのが楽しくなるだけでなく、ヨーロッパ文化の理解が断然違ってくる！ 博覧強記のウンチク講座。

紅山雪夫著
ヨーロッパ ものしり紀行
―《くらしとグルメ》編―

ワインの注文に失敗しない方法、気取らないレストランの選び方など、観光名所巡りより深くて楽しい旅を実現する、文化講座2巻目。

いしいしんじ著
いしいしんじの ごはん日記

住みなれた浅草から、港町・三崎へ。うまい魚。ゆかいな人たち。海のみえる部屋での執筆の日々。人気のネット連載ついに文庫化！

いしいしんじ著
三崎日和
―いしいしんじのごはん日記2―

三崎は夕暮れの似合う町。朝から書いて、夜は音楽をかけ、窓を開けはなし、酒をのんでいた。人気のネット連載、待望の第二弾！

早瀬圭一著
鮨に生きる男たち

職人はこうして名人に成長する――。全国十七の鮨屋でカウンターに立つ男たちの錚々たるドラマ。読み応え味わいたっぷりの列伝。

山田豊文著
細胞から 元気になる食事

これまでの栄養学は間違っている！ 細胞を活性化させて健康を増強する、山田式ファスティングの基本知識。食生活改革法を伝授。

おもたせ暦《ごよみ》

新潮文庫　ひ－24－3

平成二十二年八月一日発行

著者　平《ひら》松《まつ》洋《よう》子《こ》

発行者　佐藤隆信

発行所　株式会社　新潮社

郵便番号　一六二―八七一一
東京都新宿区矢来町七一
電話　編集部(〇三)三二六六―五四四〇
　　　読者係(〇三)三二六六―五一一一
http://www.shinchosha.co.jp

価格はカバーに表示してあります。

印刷・錦明印刷株式会社　製本・錦明印刷株式会社

ISBN978-4-10-131653-6 C0195